Hildegard Stauch

Kritik der klassischen Literaturwissenschaft

»Das Wissenschaftliche Taschenbuch«

Abteilung Geisteswissenschaften

Kritik der Literaturwissenschaft ist seit einiger Zeit *das* Thema der internen Methodendiskussion, *ein* Thema auch der interdisziplinären geisteswissenschaftlichen Debatte. Die Methodendiskussion liefert vor allem die Kritik einer bürgerlichen Wissenschaft. Zweifellos korrespondieren Ideologien mit bestimmten Wissenschaftsverständnissen; so ließe sich die Kennzeichnung der bisherigen Literaturwissenschaft als klassisch an mancher Stelle dieses Buches auswechseln. Die Kritik fragt aber nach der *wissenschaftlichen Legitimation* und richtet sich vor allem gegen den mythologischen Wissenschaftsbegriff und die dogmatisch-voluntaristische Literaturtheorie. Methodische und ideologische Bevorzugungssysteme werden im Zusammenhang mit der Fachgeschichte differenziert. Die Hypothese von einer generalisierbaren Theorie (die unter einem pragmatischen Aspekt aufgestellt wird) schließt historisch und regional, also auch ideologisch bedingte und nur bedingt anwendbare Positionen aus. Das Problem der immanenten Ideologie wird hingenommen, die Methode als regulatives Prinzip verstanden.

Als Exempel dient die Erzähltheorie i. w. Sinne, d. h. die Theorie des Erzählens, soweit sie Probleme der literarischen Theorie überhaupt betrifft, so die Autonomiethese und die organisch-substantielle Literaturbestimmung als Inhalte – die Kritik der formalen Prinzipien der Theoriebildung gilt allgemein; als Exempel dient weiterhin die Tradition einer negativen ›Beschreibungstheorie‹, die Dichtung in Opposition zur Wirklichkeit setzt.

DR. HILDEGARD STAUCH ist Mitarbeiterin des Germanistischen Seminars der Universität Düsseldorf.

HILDEGARD STAUCH

Kritik der klassischen Literaturwissenschaft

Zur Entwicklung einer modernen Literaturtheorie

Mit einem Vorwort von PROF. DR. MANFRED WINDFUHR,
Düsseldorf

»Das Wissenschaftliche Taschenbuch«
Abteilung Geisteswissenschaften

WILHELM GOLDMANN VERLAG MÜNCHEN

Alle Rechte, insbesondere das Recht der Vervielfältigung und Verbreitung sowie der Übersetzung, vorbehalten. Kein Teil des Werkes darf in irgendeiner Form (durch Fotokopie, Mikrofilm oder ein anderes Verfahren) ohne schriftliche Genehmigung des Verlages reproduziert werden.

© 1973 by Wilhelm Goldmann Verlag GmbH, München. Gesamtherstellung: Friedrich Pustet, Regensburg. Wi/Pay 70310. Made in Germany.
I 111.5 ISBN 3-442-80020-X

Meinen Eltern und Gerd

Vorwort

Seit einigen Jahren ist innerhalb der westdeutschen Literaturwissenschaft ein Prozeß der theoretischen Selbstüberprüfung im Gange. Namen wie HANS ROBERT JAUSS, JOST HERMAND, ERWIN LEIBRFIED und NORBERT MECKLENBURG, Buchtitel wie »Methodenkritik der Germanistik«, »Ansichten« sowie »Neue Ansichten einer künftigen Germanistik« bezeichnen eine neue Phase, in der bisher unkritisch übernommene Voraussetzungen und Positionen revidiert werden. Noch vor zwanzig Jahren konnte EMIL STAIGER in seiner »Kunst der Interpretation« das »allersubjektivste Gefühl als Basis der wissenschaftlichen Arbeit« proklamieren. Solche Bekenntnisse zu einem unwissenschaftlichen Irrationalismus sind heute schlechthin unmöglich geworden und hätten schon zum Zeitpunkt ihrer ersten Formulierung als Anzeichen einer gefährlichen Krise erkannt und zurückgewiesen werden müssen.
Die vorliegende Untersuchung stellt sich in die Linie der kritischen Selbstreflexion einer Wissenschaft und untersucht die theoretischen Voraussetzungen, unter denen literaturwissenschaftliche Praxis in Zukunft noch oder wieder möglich ist. Die Verfasserin wendet sich gegen eine diffuse »Wesensontologie« der Germanistik und fordert feste Begrifflichkeit, Durchsichtigkeit der Argumentation und eine ideologiefreie, generalisierbare Theorie. Kernstück des Buches ist die Untersuchung der bisherigen Literatur zur erzählenden Dichtung.
Gerade an diesem Zweig der Literaturwissenschaft läßt sich die entstandene Begriffsverwirrung besonders deutlich zeigen. Erzählerische Literatur hatte von jeher, beginnend mit der antiken Epik und fortgesetzt durch den europäischen Roman, ein besonders enges Verhältnis zur dargestellten Wirklichkeit. Homer, Cervantes, Balzac, Thomas Mann, Hemingway und Scholochow sind ohne Bezug zu ihrer Zeit, gesellschaftlichen Umwelt und nationalen Geschichte viel weniger denkbar als irgendein Lyriker. Entgegen dieser epischen Grundvoraussetzung behauptete die Erzähltheorie der vierziger bis sechziger Jahre – von ERICH AUERBACH abgesehen – besonders kraß die absolute Fiktionalität und Autonomie der Kunst. Sie leugnete jeden Zusammenhang zwischen erzählerischer Kunst und empirischer Wirklichkeit und nannte die Literatur ein eigenes Sein, das von dem der Realität grundsätzlich unterschieden sei (W. KAYSER, K. HAMBURGER, H. MEYER u. a.)

Die Korrektur dieser falschen Kunstlehre eröffnet ein weites Feld neuer Fragestellungen und wissenschaftlicher Ansätze. Wenn die Relation zwischen Kunst und Wirklichkeit wieder zum Hauptthema einer erneuerten Literaturwissenschaft wird, so läßt sich eine Reihe von ebenso einseitigen Alternativen vermeiden, die zur Zeit an die Stelle der alten Autonomiethese zu drängen versuchen. Einerseits erleben wir eine Erneuerung des l'art pour l'art, wobei jede Berührung mit der zeitgenössischen Realität als Verunreinigung einer ursprünglich reinen Intention angesehen wird. Andererseits wird der neue Wirklichkeits- und Gesellschaftsbezug als ästhetischer Freibrief verstanden und selbst elementare Kunstmittel durch plane Dokumentation verdrängt. Die Balance von Kunst und Wirklichkeit bleibt Aufgabe der ausübenden Autoren und der Rahmen für die forschende Literaturwissenschaft. Es hat den Anschein, als begünstige auch der neue politische Realismus die Wiederbelebung dieser alten Frage.

Statt nach den Verschiedenheiten sucht man wieder nach den Ähnlichkeiten zwischen den beiden Bereichen. Dabei kann der Funktionsbegriff vonnutzen sein. Die Frage nach der Funktion der Literatur in der Gegenwart bringt die Realitäten notwendigerweise in den Blick und führt über die Isolierung des ästhetischen Phänomens hinaus. Veraltete, dem gegenwärtigen Bedürfnis nicht mehr entsprechende literarische Formen und Inhalte bleiben außer Betracht und werden nicht mehr zugunsten eines mißverstandenen Traditionalismus künstlich am Leben gehalten. Umgekehrt eröffnet die Frage nach der Funktion der Wirklichkeit in der Kunst den wichtigen Komplex der Umsetzung, Integration und Poetisierung empirischen Materials. Eine entwickelte literarische Funktionslehre dürfte noch ein lohnendes Projekt für die Germanistik sein.

Germanistisches Seminar
der Universität Düsseldorf
Düsseldorf, im Herbst 1973

M. WINDFUHR

Inhalt

Vorwort 7
Einleitung 11

1 Zur theoretischen Literaturwissenschaft. Eine Stellungnahme zu Vorurteilen 24
 1.1 Vorbemerkung 24
 1.2 Zum Selbstverständnis der Literaturwissenschaft . . 24
  1.2.1 Sprachkünstlerische und wissenschaftliche Aussageökonomie. Zur Problematik des theoretischen Äquivalents 24
  1.2.2 Wissenschaftlicher Eklektizismus. Zur Quellenkompetenz 30
  1.2.3 Die polemische Struktur des Systemcharakters der Literaturwissenschaft. Zum Meinungspluralismus 34
 1.3 Zur Revision des klassischen Wissenschaftsbegriffs in der Literaturwissenschaft 40
  1.3.1 Absoluter Wahrheitsanspruch und relative Wissenschaftlichkeit 40
  1.3.2 Dogmatischer Substantionalismus und Funktionenontologie 42
  1.3.3 Literaturwissenschaftliche ›Erfahrung‹ 44
  1.3.4 ›Objektivität‹ und ›Subjektivität‹ als relative Begriffe der Literaturwissenschaft 46
  1.3.5 Literaturwissenschaft als Denken und Handeln? 47
 1.4 Diskussion 48

2 Kritik der ›Erzähltheorie‹ einer klassischen Wissenschaftskonzeption 55
 (Unter dem Aspekt methodologischer und ideologischer Transparenz von Bevorzugungssystemen)
 2.1 Voraussetzungen der Systemkritik 55
 2.2 Zur puristischen Erzähldoktrin und ihrer Ablösung . . 60
  2.2.1 ROBERT PETSCH: Wesen und Formen der Erzählkunst 60
  2.2.2 HERMAN MEYER: Zum Problem der epischen Integration 68

2.2.3 Antithetik der Erzähltheorie als polemische Systemstruktur ... 72
2.2.4 EBERHARD LÄMMERT: Bauformen des Erzählens 74
2.2.5 Der »Laokoon« in seiner polemischen Struktur. Kritik der LESSING-Tradition in der Literaturwissenschaft ... 77
2.2.6 Zu einer humanistisch-idealisierenden Literaturtheorie. Der Gattungsbegriff ... 88
2.3 Die ›liberale‹ Erzählauffassung als rivalisierender Purismus ... 95
   2.3.1 R. KOSKIMIES: Theorie des Romans ... 95
   2.3.2 KÄTE FRIEDEMANN: Die Rolle des Erzählers in der Epik ... 96
2.4 Klassische Tendenzen in sog. methoden- und systemkritischen Arbeiten ... 99
   2.4.1 Der Absolutbegriff der absoluten Fiktivität und die relative Fiktionalität. KÄTE HAMBURGER ... 99
   2.4.2 »Iterierende Reflexion« und konstruktives Kalkül. ERWIN LEIBFRIED: Kritische Wissenschaft vom Text ... 113
2.5 Kritik der belletristischen Rhetorik ... 118
2.6 Fachgeschichtliche Modelle als Begründung einer Transformation der Erzähltheorie ... 122
2.7 Diskussion ... 133
   2.7.1 Puristische Erzähldoktrin und Strukturalismus . 133
   2.7.1.1 Zum Systemtyp des ›Strukturalismus‹ der Erzähltheorie ... 134
   2.7.2 Die Strukturnegation als Habitus in der Erzähltheorie ... 139

Literatur ... 143
Namen- und Sachverzeichnis ... 157

Einleitung

Der Titel bezieht sich auf die insgesamt klassische Konzeption der Literaturwissenschaft bis heute, kritisiert wird der Wissenschaftsbegriff als Rückzug auf eine mythisierende Hermeneutik, der Theoriebegriff als unreflektierter, die Theorie schließlich als eine formalistische und autonomistische.
Der Untertitel deutet an, daß es nicht um Pauschalkritik an einer abzulösenden Diziplin geht. Vielmehr soll eine kritische Diskussion darüber angeregt werden, ob der Theorie- und Wissenschaftsbegriff der Literaturwissenschaft angemessen sind. Die Problematik wird an der Erzähltheorie vorgestellt, weil sich gerade hier die Möglichkeit einer Kritik der Literaturwissenschaft – verstanden als ihre zeitgemäße Umwandlung – demonstrieren läßt. Die Wahl des Exempels geschah nicht willkürlich, sondern ergab sich aus der Entwicklungsgeschichte einer ursprünglich eingeschränkteren Thematik (Beschreibung und Erzählung).
Der zunächst stilvergleichende Ansatz, Literaturphasen des 19. Jahrhunderts betreffend, antizipierte eine ›rhetorische descriptio‹ der Biedermeierzeit und deren Abbau durch den literarischen Realismus. Durch die notwendige informatorische Einsicht in das System der Rhetorik wurde Skepsis gegenüber der einseitig angewandten Bestimmung ›rhetorische descriptio‹ geweckt, wie sie durch die Formel von der biedermeierlichen Füllung und der *realistischen* Überwindung derselben sich ausdrückt. Notwendig erschien die Bearbeitung der frühesten deutschsprachigen poetologischen Quellen (mit Rückgriffen auf die entsprechenden Vorbilder), in der Erwartung, die Entwicklung einer *speziellen literarischen Rhetorik* in ihrem Auswahlverfahren nachvollziehen und erklären zu können. Ein gleichermaßen systemimmanent-logischer Schritt war die Ausweitung der Analyse zu einer gesamten Entwicklungsgeschichte, einer quasi ›*Beschreibungstheorie*‹ vom Barock bis zum 19. Jahrhundert. Bis zu diesem Punkt wäre eine detaillierte Darstellung sowohl der historischen Entwicklung als auch der stilistischen Zuordnungen als typischer Abschluß eines germanistischen Themas möglich gewesen, jedoch war die Intention inzwischen zur Thematik *Erzähltheorie* verallgemeinert worden. Es ergab sich ein skeptisch-kritischer Fragenbereich zur literaturwissenschaftlichen

Erzähltheorie, schließlich zum Theorieverständnis der Literaturwissenschaft überhaupt. Der letzte Schritt, die Literaturwissenschaft, ihre Methoden, ihren Gegenstand u. a. in Relation zu ihrem Wissenschaftsbegriff zu setzen, ergab sich aus der inzwischen wachsenden Unsicherheit einer ihre Voraussetzungen nicht oder nur wenig prüfenden Wissenschaft.

Damit hatte sich ein Zielgedanke entwickelt, dem alle noch bestehenden Skrupel und kritischen Einschränkungen gelten, der nämlich, einen systematischen Beitrag zur Erzähltheorie leisten zu wollen. Dieser Anspruch mußte zunächst aufgegeben werden, nicht nur aus Gründen der persönlichen Ökonomie. Es erwies sich als unmöglich, eine kritische Funktionenanalyse auch der pragmatischen Dimension von Literatur zu leisten, weil notwendige Voraussetzung dazu der Abbau der immanent und permanent wirkenden bisherigen sog. Theorie ist. Ein neues wissenschaftliches Kalkül, das sich von den üblichen Verfahren der literarisierenden oder vernünftelnden Wissenschaft grundsätzlich unterscheiden müßte, kann nicht einfach zur Praxis überspringen. Dabei bleibt die erste Phase des hermeneutischen Verstehens als unreflektiertes Traditionsmodell erhalten. Die Literaturwissenschaft zeigt diese Sprünge im Sinne von Lücken ständig; so scheint es, daß ihr Wissenschaftsverständnis die quasi-geniale Unordnung für eine endgültige nimmt: Die plötzlich aktuelle Didaktik z. B. fragt sich nicht sinnvoll, was eigentlich vermittelt werden soll, wenn man weiß, wie es vermittelt werden sollte – mit der Curriculumplanung ist es nicht getan, wenn nicht die Voraussetzungen dazu geschaffen sind, daß neue Texte neu verstanden werden können. Dieser Vorwurf trifft auch einen Großteil der materialistisch-gesellschaftlichen Ansätze, die übergangslos die pragmatische Funktionenanalyse von Literatur fordern, ohne den starren Funktionsbegriff des ›Für-Sich-Selbst‹ von Literatur aufgelöst zu haben. Auch »Grundfragen der Literaturwissenschaft«, die sich einfach mit Grundfragen der Linguistik identifizieren, stützen dieses Prinzip.

Die »Neuen Ansichten einer künftigen Germanistik« erscheinen leider zu einem Zeitpunkt, in dem diese Arbeit einer letzten Manuskriptkorrektur unterzogen wird; leider, weil eine ausführliche Berücksichtigung nicht mehr möglich ist. Sie ist notwendige Ergänzung des vorliegenden Themas, da sie den pragmatischen Aspekt in erster Linie berücksichtigt, der hier aus methodischen Gründen so abgeblendet wurde, daß er nur in allgemeinen Postulaten erscheint. Andererseits kann diese Arbeit als deren Ergänzung angesehen werden, zumal Hans Günther meint, die pragmatisch-funktionale Analyse bedürfe der Vorbereitung durch die semantische. Hier wird allerdings vorläufig nur ein Punkt seiner semantischen Dreiteilung ausführlich angegangen, der, den ich allerdings für den augenblicklich vorrangigen, weil die anderen begründenden, halte. Es ist der Bereich, der scheinbar nur die »tektonischen bedeutungsbildenden Verfahren« betrifft; tatsächlich ist er, der als ›Literaturtheorie‹ verstanden wird, zunächst kritisch zu analysieren, damit sinnvolle thematische und sprachliche Untersuchungen möglich werden. Denn die immanent-wirksame Formaltheorie schaltet ›Themen‹ qua gesellschaftliche Lebensräume und Wirklichkeiten überhaupt aus. Die sprachlichen Untersuchungen dieses Umkreises sind allenfalls als *Wertungen* zu nehmen. Daß gerade E. Lämmert, der auch zu Transformationsmöglichkeiten der Literaturwissenschaft Stellung nimmt, hier als Autor angeführt wird, der die Autonomiethese stützt, zeigt zweierlei: Einmal, wie wenig kritisches Selbstbewußtsein die wissenschaftliche Lehre vorgibt, aber auch, daß eine kritische *Linearität* der wissenschaftlichen Arbeit den polemischen Systemcharakter des Faches lösen könnte.

In der Vorbemerkung zu dieser Aufsatzsammlung meint der Herausgeber Jürgen Kolbe mit Blick auf die szientifische Linguistik und die augenblickliche Literaturwissenschaft, »Das Beste wäre, diese Germanistik schriebe sich ihre Literatur selber«. Gerade das aber hat sie bisher getan, aufgrund des klassischen Gegenstandsbegriffs, der im wesentlichen Idealtypen der sog. *schönen* Literatur betrifft und alle übrigen Bereiche ausschließt. Nicht zuletzt hat die Linguistik zu einer Entmetaphysierung dieses Begriffs beigetragen, man sieht nur allgemein nicht die eigentlich sinnvollen Tendenzen und setzt mit der Kritik gleich wieder da an, wo sie in der Literaturwissenschaft immer begann, bei wenigstens wissenschaftlichen Methoden.

Auch in dem Aufsatz von Karl Riha zu neuen Ansichten der Germanistik finden sich Relikte der klassischen ontologischen Gegenstandskonstitution. Er unterscheidet immer noch fiktionale von nicht-fiktionaler Literatur, ohne zu sehen, daß mit jeder Art von Literatur der im folgenden vorgestellte kritische Fiktionalitätsbegriff verbunden werden muß. Riha sieht die Einbeziehung der nicht-fiktionalen Literatur in den wissenschaftlichen Forschungsbereich als Ursache eines Stoffpluralismus. Wenn die Bedingung der Möglichkeit sprachlicher ›Realität‹ immer als Fiktionalität angenommen wird, fällt die Unterscheidung der beiden ›Literaturen‹

aus; die Eingrenzung des *eigentlichen* literaturwissenschaftlichen Gegenstandes hätte anders zu erfolgen, wie, das kann auch hier vorläufig nur angedeutet werden.

Der jetzt vorgelegte Teil stellt die Vorbereitung einer pragmatischen Analyse dar. Erst wenn die Rede von der mythologischen Phase der Literaturwissenschaft durch wissenschaftstheoretisch relevante Begriffe ersetzt wird, wenn der pauschale Ideologieverdacht durch die Reflexion des Ideologieproblems überhaupt abgelöst wird, kann sinnvoll von einer Kritik der Literaturwissenschaft gesprochen werden. Der Kritik-Begriff der *jetzigen* Phase läßt sich im Zusammenhang mit der philosophischen Hermeneutik-Diskussion erklären: Mit GADAMER das »Besser-Verstehen« auf das »Anders-Verstehen« zu reduzieren, muß zwar nicht heißen, sich der Entscheidung über den Beurteilungsprimat zu entziehen, da ja das andere Verständnis bereits das Interpretandum übersteigt; allerdings kann ein deutlicherer Standpunkt eingenommen werden. Dem Kritiker-Interpreten wird das Besser-Verstehen unterstellt, weil ein Fortschritt der Wissenschaft als normativ-regulatives Prinzip wenigstens der Motivation wissenschaftlicher Arbeit angenommen wird.

Eine Rechtfertigung der *literaturwissenschaftlichen* Hermeneutik ist nicht zu erwarten. Allerdings muß die philosophische Hermeneutik-Diskussion rezipiert werden, wenn ein unserem Gegenstand adäquater Wissenschaftsbegriff erarbeitet werden soll (zur kritischen Einführung siehe K. O. APEL: Transformation der Philosophie).

Es wird Aufgabe einer speziellen fachinternen Disziplin sein, sich mit den Schwierigkeiten des Wissenschaftsbegriffs zu beschäftigen – auch das soll vorbereitet werden –, denn die bisherige Praxis, verschiedenen Methoden unterschiedliche Kompetenzen zuzusprechen, ohne sie kritisch-selektierend oder -synthetisierend zu bearbeiten, kann als Grund für den Mangel an theoretischer Reflexion und systematischer Theorie angesehen werden. Was als Literatur*theorie* verstanden und angeboten wird, erfüllt weder die Bedingungen noch die Aufgaben einer theoretischen Disziplin. Bisher gibt es keinen logischen Aufriß der Literaturwissenschaft als System von Disziplinen, einzig die Text-Philologie scheint relativ abgegrenzt und zugeordnet in bezug auf Sinn und Grenzen des Verfahrens im Gesamtzusammenhang des Faches. Ein scheinbar ebenso begründetes Gebiet, die Literatursoziologie, müßte ihre logische Stelle im System als spezielles hermeneutisches Verfahren gegenüber der allgemeinen Textinterpretation abgrenzen. Eine theoretisch-fundierte Disziplin hätte auch *solche* Abgrenzungen zu erarbeiten, wie auch eine historisch angemessene Standortbestimmung der Literaturwissenschaft in den zukünftigen Problembereich gehört. Unter pragmatischen Gesichtspunkten gesehen hat die Annäherung an die Sozialwissenschaften ihren inhaltlichen Beitrag weitgehend geleistet, die wissenschaftstheoretischen Probleme scheinen denen der Literaturwissenschaft zu ähnlich, als daß von ihnen Lösungen zu erwarten wären. Die Linguistik kann einerseits innerdisziplinär betrachtet werden, sie hat im gesamten Reflexionsprozeß vor allem zu einer *Entmetaphysierung* des Gegenstandes ›Literatur‹ beigetragen; andererseits sind ihre formalisierten Systeme bisher nicht auf die literarischen Makrostrukturen übertragbar und charakterisieren einen eigenen Wissenschaftsbereich.

Im folgenden werden Forderungen an eine *Wissenschaft* von der Literatur erhoben, die auf solche Ergebnisse vorgreifen, die erst in geplanten Einzeldarstellungen detailliert vorgelegt werden können. Im augenblicklichen Zusammenhang gelten sie deshalb eingeschränkt für diejenige sogenannte Literaturtheorie, die einen unhaltbaren Anspruch auf Generalisierbarkeit ihrer Aussagen erhebt, indem sie das *Wesen* von Literatur als überregionale und überhistorische Konstante zu bestimmen sucht, ohne sich der Abhängigkeit von einzelnen Vor- bzw. Idealbildern bewußt zu sein. Relativ gültig sind diese Ansprüche aber für die gesamte Literaturwissenschaft, soweit sie Disziplinierungen betreffen, die es erst erlauben, von wissenschaftlicher Arbeit zu sprechen.

Wenn z. B. die abstrahierende Typologie von erzählender Literatur kritisiert wird, so bleibt davon die Einzeltypologie als an sich sinnvolle Arbeitsmethode der Literaturwissenschaft ausgeschlossen. Die Kritik gilt nicht für alle diejenigen Typologien, die sich nicht nur als Typologien bestimmter Texte ausgeben, sondern es auch in dem Sinne sind, daß sie auf unzulässige Verallgemeinerungen verzichten. Dagegen ist grundsätzlich zu kritisieren, daß die rein empirisch abgeleitete Typologie mit theoretischen Generalisierungen verbunden wird, die zu unzulässigen Normierungen einer sog. Gattung führen. Exemplarisch ist dieser Vorgang so zu beschreiben: Aus einer Formenhermeneutik zu einem bestimmten Erzähltext, aus Ableitungen aus der Werkseinheit eines Autors oder auch aus Gruppen stilistischer Ähnlichkeit wird auf das ›Wesen‹ der Erzählkunst geschlossen und ein Idealtypus konstituiert. Aufgrund der konkreten Relation sind die Bestimmungen zu diesem Idealtyp nicht generell anwendbar.

Die eigentliche Kritik wendet sich dagegen, daß die so konstruierten Idealtypen nicht im Sinne normativ-regulativer *Entwürfe* verstanden werden, sondern als normativ-dogmatische Behauptungen der wahren Realisation des Erzählens. Die Abgrenzung der literaturwissenschaftlichen Gegenstände von anderen erfolgt vorurteilend, die theoretische Beschränkung auf gattungstypische Exemplare konkurriert mit der praktischen Methode, das in *diesem* Sinne eigentlich Untypische dennoch in die Literaturgeschichte aufzunehmen und in Interpretationen vorzustellen.

So können dann theoriebildende Bestimmungen, die ableitend von der klassischen *Erzählkunst* substantielle Eigenschaften des Erzählens behaupten, im Zusammenhang z. B. mit dem biedermeierlichen Roman zur Rede von der Formenverwahrlosung führen. Auch anderes, wie die Prophezeiung vom ›Tod des Romans‹ (W. Kayser) gehört hierher. In diesem Zusammenhang ist die Kritik zu verstehen als Forderung nach einer speziellen Methode der *theoretischen* Literaturwissenschaft, in Abgrenzung zwar von anderen Methoden, aber nicht als Ausschluß derselben.

Bei Franz K. Stanzel, der prinzipiell objektive Methodenkritik für die wissenschaftliche Arbeit voraussetzt, zeigt sich einerseits die positive Bewertung der (ihre eingeschränkte Gültigkeit reflektierenden) hermeneutischen Typologie, andererseits die pauschale Ablehnung der theoretischen Analyse (siehe »Typische Formen des Romans«). Seine Rechtfertigung der primär konkret-werksbezogenen und sekundär-abstrahierenden Romantypologie impliziert die Meinung, daß eine Theorie »ihre gedanklichen Schemata ohne jede Rücksicht auf den Befund der Literaturgeschichte und der Werkinterpretationen konstruieren würde« (S. 9). So wird ihr Verfahren jedoch nicht sein, außer, sie würde angegangen als theoretisches Experiment zur prognostischen Bestimmung einer zukünftig möglichen Literatur. Die der Kritik axiomatisch vorangestellte Frage nach der Generalisierbarkeit theoretischer Äußerungen bezieht also auch denkbar mögliche literarische Modelle mit ein, wobei darunter auch Darstellungen und Entwürfe der ›Wirklichkeit‹ qua Gesellschaft, Weltbild usw. zu fassen sind. Solche theoretische Arbeit, die *mögliche* Realisationen von Literatur reflektiert, ist nur auf empirischer Grundlage möglich – es wird wohl kaum jemand ein die bisherige Erfahrung übersteigendes Material reflektieren können, ohne die Möglichkeiten dazu vorher im Zusammenhang mit dem

vorliegenden ›erfahren‹ zu haben. Sie gerade kann die Befunde nur begrenzter Erfahrung korrigieren, z. B. dann, wenn die Interpretation eines bestimmten Romantyps Vorurteile gegenüber anderen möglichen Typen manifestiert hat.
Das schließt – entgegen STANZELS Auffassung – dogmatische Normierungen eigentlich aus; die Konstitution von Idealtypen unter einem *wertenden* Aspekt entsteht gerade durch Ableitungen aus *bevorzugten* Einzeltypen.
Die Vorstellung von generalisierbaren theoretischen Bestimmungen mag problematisch erscheinen und muß allerdings erklärt werden. Es ging darum, ein kritisches Regulativ zu finden, das die Tendenz zur idealisierenden Einebnung deutlich macht. Die wissenschaftliche Einstellung zur Literatur zeigt sich bis heute im allgemeinen als »ontische Reduktionstendenz« (s. APEL: Transformation..., Bd. 1, S. 80 ff.). Was APEL bei INGARDEN und KAYSER feststellt, daß »das dichterische Gebilde« gelöst wird »von der Realität der Welt und von der konkreten geschichtlichen Zeit« (S. 90), ist *ein* Aspekt der allgemeinen Reduktionstendenz; andere z. B. sind die Reduktion auf die Belletristik, die auf den oberen Bereich der Stiltrias, neuerdings die auf soziologische Strukturen oder auf linguistische Mikroeinheiten. Freilich entsprechen diesen Einschränkungen metaphysische Positionen im Sinne bevorzugter Wissenschaftsmethoden oder sog. Weltanschauungen, und sicher bleibt bewußt zu halten, daß dies dem Zirkel von Erkenntnisinteresse und -möglichkeit entspricht. Aber weder die Bedingungen noch die Auswirkungen solcher Abblendung scheinen genügend bewußt zu sein. ROLAND BARTHES, der eine Wissenschaft von der Literatur nicht realisiert sieht, sagt von deren Bedingungen: Sie wird »nicht Symbole interpretieren, sondern lediglich ihre Polivalenz« und, »ihr Objekt werden nicht mehr die erfüllten Bedeutungen der Werke sein, sondern die leere Bedeutung, die alle jene trägt« (In: H. N. FÜGEN (Hrsg.): Vergleichende Literaturwissenschaft, S. 203). In diesem Zusammenhang sind die Ausführungen in der Einleitung zu verstehen. Soweit sie den Begriff ›Generalisierbarkeit‹ betreffen, heißt das, daß durch einen möglichst allgemeinen Maßstab die »erfüllten Bedeutungen«, hier die starre Theorie, aufgelöst werden sollen. Schließlich erklärt sich die Vorstellung vom ›theoretischen Objekt‹ von daher: Die »leere Bedeutung« als Abstraktion vom einzelnen konkreten Text ist Bedingung der Möglichkeit der Realisation verschiedener Textsorten.
In der Literaturwissenschaft läßt sich eine Tendenz feststellen,

Theoriesystemen Formalismus vorzuwerfen. Der Unterschied zwischen theoretischer und konkret-interpretierender Methode wird zum Gegensatz zwischen Theorie und Faktum in einem naiven Ausschließlichkeitsverhältnis. Formalismus im pejorativen Wortsinn ist jedoch keine notwendige Folge einer theoretischen Analyse bzw. einer kritischen Theorie. Der allerdings nicht zu leugnende Formalismus verschiedener Abstraktionssysteme in der Literaturwissenschaft beruht auf einer Korrespondenz von sowohl ideologischen als auch wissenschaftlichen Vorurteilen: Verantwortlich dafür nehme ich *die idealistische Position der Behauptung des autonomen Kunstwerks* und die damit verbundene *einseitig rationalistische Sinngebung des Strukturbegriffs*. Wenn nämlich davon ausgegangen wird, daß die literarische Wirklichkeit im Gegensatz zur personalen Umwelt-Wirklichkeit nur fiktive Züge hat, dann kann sie nur zirkular formal interpretiert werden. Wenn zusätzlich davon ausgegangen wird, daß die ›Struktur‹ ein ebenfalls nur zirkular innerhalb eines Formsystems beziehentlich zu erklärendes Formelement ist, bleibt die Funktion Form-Materie oder Zeichen-Bezeichnetes oder Struktur-Ding vorverständlich ausgeschlossen. Die materialistische Literaturtheorie verwahrt sich gegen *solchen* Formalismus, indem sie dem Verständnis der Struktur den Begriff ›Praxis‹ zuordnet (in dem Sinn, wie er zwischen ›Basis‹ und ›Überbau‹ steht, bezogen auf die Relation von materialer Wirklichkeit und formal-literarischer Wirklichkeit). Auch in wissenschaftstheoretischen Zuordnungen werden Realität und Idealität im Verständnis des Strukturbegriffs synthetisiert, d. h. Identität und Verschiedenheit des Abbildcharakters in Relation zum Abgebildeten gesetzt. Das Moment des relationenlehrhaften Charakters der modernen Wissenschaft wurde jedoch nicht einfach als vorverständliche Forderung auf die Literaturwissenschaft übertragen, erst die Erfahrung eines literaturwissenschaftlichen Dogmatismus führte zu Lösungsvorschlägen dieser Art.

Die Literaturwissenschaft hat also den Strukturbegriff nicht speziell reflektiert. Die *unkritische* Übertragung aus anderen Gedankensystemen hat nicht verhindern können, daß weiterhin Relativierungen durch funktionsontologische Bestimmungen im *Substantionalismus* bezogen auf das ›Wesen‹ von Literatur negiert werden.

Dem kritischen Betrachter der zeitgenössisch-›modernen‹ Literaturwissenschaft bietet sich ein klassisches Wissenschaftsbild deshalb, weil die Modernität auf der Strecke bleibt, wenn modernen Begriffen die gleichen Voraussetzungen subsumiert werden, die eine

durch die literarische Praxis überholte, traditionelle »latente Poetik« (GOTTSCHALL) charakterisieren.
Hierher gehören die erwähnten Unkenrufe im Zusammenhang mit dem modernen Roman, die meinen, er zerstöre die Romanstruktur (H. MEYER), oder mit dem Tod des Erzählers den Tod des Romans propagieren (W. KAYSER), aber im Grunde nur das chaotisch bzw. sterbend sehen, was neu ist. Das aber bedeutet, daß man gegenüber einer neuen Erfahrung die Richtigkeit vertrauter Formen lediglich aus der Tradition her behauptet, dogmatisiert und popularisiert.
Der Wahrheitsanspruch zum ›Wesen‹ der Literatur, die Behauptung absoluter Substanzen, ist Thema der klassischen Quellen und Thema der Literaturwissenschaft bis in die heutige Zeit. Dabei wird die Stagnation der Entwicklung am deutlichsten im Vergleich zur wissenschaftstheoretischen Reflexion.
Ein Beispiel mag angeführt werden: (aus B. JUHOS: Die Systemidee in der Physik. In: A. DIEMER: System und Klassifikation.) JUHOS diskutiert u. a. den physikalischen Absolutbegriff der relativen physikalischen Wahrscheinlichkeit, der die Behauptung der nur wahrscheinlichen Erkenntnisannahme relativ abhängig macht vom Stand der Information und der Kenntnisse im Vergleich zum quantentheoretischen Absolutbegriff der »absoluten physikalischen Wahrscheinlichkeit« (S. 73), der eine absolute Grenzsituation der Physik behauptet. Im Zusammenhang mit diesen Problematisierungen könnte man ein solches Paradox sehen, daß die literaturwissenschaftliche Naivität, als immer schon ursprüngliches Begreifen der Problemanalyse des ›Wissens‹, den ›sentimentalischen‹ Wissenschaftsreflexionen übergeordnet wird.
Die einführende Thematik dieser Arbeit erfordert es nicht, ausführlich auf die Konsequenzen einer Diskussion von (sprach-) analytischer Einheitswissenschaft (CARNAP), allgemein kausalanalytischer (naturwissenschaftlicher) Methode und hermeneutischer Erkenntnis im Zusammenhang mit der Literaturwissenschaft einzugehen; im folgenden wird sich jedoch zeigen, wo die für die wissenschaftliche Begründung der Arbeit an Literatur sinnvollen Ansätze gesehen werden: nämlich dort, wo plurale Wissenschaftsbegriffe angenommen werden und wo erkenntnistheoretische (hermeneutische) Probleme auch als Probleme der kausalanalytischen Methode verstanden werden.
Die immer noch substantielle Ontologie der Literaturwissenschaft ist in einer historisch-systematischen Wissenschaftskritik als klassisches Wissenschaftsverhalten zu bezeichnen, die vorliegende Ar-

beit ist nur zu leisten im Zusammenhang mit einer Kritik desselben. Für die klassische Erzähltheorie steht sie vorrangig unter dem Aspekt ›*Beschreibung und Erzählung*‹. Er ist nicht willkürlich gewählt, spiegelt jedoch eine methodische Abblendung anderer Aspekte zugunsten des Mittelpunktes der vorverständlichen und vorurteilenden klassischen theoretischen Aussagen. Die übrigen Probleme der Erzähltheorie können ähnlich angegangen werden, aber es zeigt sich, daß beinahe alle Probleme der Erzähltheorie auf die genannte Aspekttitulierung zu beziehen sind, so u. a. die Behauptung der nur fiktiven literarischen Aussagestruktur (KÄTE HAMBURGER) oder der dogmatische Integrationsbegriff H. MEYERS, die jeweils nur möglich sind, wenn alle beschreibende Qualität von Literatur mit Blick auf die ›Wirklichkeit‹ geleugnet wird.

Wenn R. BARTHES (in: REIF: Antworten der Strukturalisten) auf die Frage, ob er oder die zeitgenössische Literatur an der Erzählung desinteressiert seien, antwortet, dies schiene nur deshalb so, »weil wir die Erzählung immer unter der Form des *starken Modells* auffassen« (S. 21), so ist unterschieden zwischen dem, was Erzählung sein und heißen kann, und dem, was innerhalb der ›herrschenden Theorie‹ als Erzählung Geltung hat. »Wir sehen nicht, was man zerstören muß, dies ist nicht die Erzählung, sondern die Logik des starken Modells.« (ebd.) Die Techniken des Erzählens haben die ›starke Theorie‹ nicht abbauen können, die Literaten diskutieren außerhalb dieser Norm. H. HEISSENBÜTTEL an H. VORMWEG (Briefwechsel über Literatur, S. 44 f.):

Sie sagen, in dem Satz Bichsels: »Wenn einer eine Pfeife raucht, ist das eine Geschichte« stecke eine Verwechslung, die zwischen Geschichte und Geschehen, und Sie plädieren dafür, dies, wenn einer eine Pfeife raucht, nicht eine Geschichte, sondern ein Geschehen zu nennen. Da aber liegt ja gerade der springende Punkt, und Sie kommen ja auch im Verlauf Ihres Briefs ausführlicher auf ihn zurück, der nämlich, ob bereits die bloße Nominierung eines Geschehens erzählerische und literarische Qualität haben kann. Bichsel meint wohl nicht, [...], daß dieses Geschehen die Geschichte ist. Aber was denn?
Das Interessante an Bichsels Satz liegt, so scheint mir, in dem »wenn«. Für die Definition von etwas, das man Geschichte nennen könnte, wird eine Bedingung angegeben, möglichst beiläufig und möglichst irreführend. Ich kann das Rudiment dieser Vorbedingung ausführen und erzählen, daß es eine Person gab, die Pfeife rauchte. Ich kann dann etwas über diese Person sagen, etwas über den Ort, die Umgebung an der er sich befindet, [...], alles das immer noch während der ersten Pfeife, und ich habe bereits das komplette Schema eines Romans. [...]. Er [Bichsel] fragt, wie weit kann ich das alles reduzieren, wann komme ich denn endlich auf den Kern von dem allen?

In der wissenschaftlichen Theorie ist die Auflösung des starren Modells, die Reduktion auf den Kern kaum als Möglichkeit gesehen worden (Reduktion heißt hier allerdings die immer weitergehende Problematisierung im Gegensatz zur ontischen Reduktion). Sie wird nicht zu leisten sein, ohne eine prinzipielle Revision von vorurteilend ausgeschlossenen Forschungsbereichen. Folgendes ist gemeint: Die zitierte Briefstelle, das angesprochene Problem sind nicht zu verstehen ohne Beziehungen zum Umkreis von informationstheoretischen Erwägungen, hier gemeint im *weitesten* Sinne der Bezeichnung; sehe man die Beziehungen im res-verba-Problem der Rhetorik, in der Innovationstheorie, wie sie schon in der Barockpoetik vorgeschichtlich diskutiert wird, assoziiere man Mimesis oder Realismus als Bezugsbegriffe, denke man an die Kybernetik oder den linguistischen Strukturalismus (in einer neueren Arbeit – A. Ros: Zur Theorie literarischen Erzählens – wird ein Anfang gemacht. Ros sieht »literarische narrative Aussagen« auch als mögliche Äquivalente zu historischen und soziologischen narrativen Aussagen).

Solche Problematisierungen wurden bisher weitgehend umgangen, indem Formen der Makrokonstruktion in erster Linie dichtungsimmanent interpretiert wurden. Dieses Verfahren bleibt im Zirkel der formalen ›zweiten Welt‹ (hier als kritischer Begriff, nicht im Sinne der relativ positiven Bestimmung der wissenschaftlich ›möglichen‹ Welt), weil alle beteiligten Definitionen wie Dichtung, Form, Struktur usw. diesen Kreis hermetisch geschlossen haben. Ich verweise auf K. Hamburgers Verfahren in der »Logik der Dichtung«. Hier werden Bezüge dichterischer Aussagen zu ›Wirklichkeitsaussagen‹ mit dem Hinweis abgetan, sie zeigten ein unbewußtes Verhalten des Autors, im Augenblick der Erinnerung an reale Informationen die strukturalen Bedingungen der Wirklichkeitsaussage anzuwenden, gerade das aber bestätige ihre Aussage, dies seien keine erzählerisch-fiktiven Strukturen und sie machten dementsprechend nicht den Aussagewert, den erkenntnistheoretisch-relevanten Ausdruck des Erzählens aus. Eine solche ›Logik‹ ist nur möglich, weil die *absolute* Fiktivität vorverständlich als Bedingung der Abgrenzungsmöglichkeit von sog. Dichtung und anderen Texten postuliert wird; paradox ist, daß gerade K. Hamburger in ihren Untersuchungen die *relative Fiktionalität* als echtes Problem entdeckt hat.

Die im einzelnen besprochenen Arbeiten zur Erzähltheorie wurden nach einem Exempelprinzip ausgewählt, so daß jeweils diejenigen zur ausführlichen Analyse herangezogen wurden, die allgemeine Tendenzen der Literaturwissenschaft am eindeutigsten zeigen. Die übrigen, im Literaturverzeichnis genannten Arbeiten, die sich weitgehend auf die Typologie einzelner Erzählformen beziehen, tradieren diese Tendenzen implizit.

Alles das bezieht sich natürlich auf die literaturwissenschaftliche Theorie, soweit sie Arbeitstechniken und das Selbstverständnis entscheidend geprägt hat. Anderes, wie die linguistischen Ansätze, hat das Bild unserer Wissenschaft *kaum* verändert, denn unter Veränderung kann ja nicht primär die Übertragung der nicht immer zu verwertenden Systemidee der Linguistik verstanden werden. Die *Konsequenzen*, die aus diesen Methoden erst zu ziehen sind, werden gesondert darzustellen sein (dazu gehören auch die Arbeiten BENSES aus den 50er und 60er Jahren). Es wäre verfrüht, von einer bereits erfolgten Ablösung des klassischen Systems auszugehen, allenfalls kann man konstatieren, daß sich eine Gruppe von Wissenschaftlern kritisch distanziert. Soll daraus nicht eine grundsätzliche Zweiteilung der Gesamtwissenschaft entstehen, ist das klassische Bewußtsein zu analysieren.

Skeptisch-kritisch nicht nur ein Thema, sondern auch einen Fachbereich anzugehen, wird wiederum Kritik herausfordern. Sie wird sich wahrscheinlich auf den Versuch der Annäherung der nach C. P. SNOW »diametralen« kulturellen Gruppen beziehen.

Zwei diametrale Gruppen also: auf der einen Seite haben wir die literarisch Gebildeten, die ganz unversehens, als gerade niemand aufpaßte, die Gewohnheit annahmen, von sich selbst als von ›den Intellektuellen‹ zu sprechen, als gäbe es sonst weiter keine. Ich weiß noch, wie G. H. Hardy in den dreißiger Jahren einmal etwas verdutzt zu mir sagte: »Ist Ihnen schon aufgefallen, wie heutzutage das Wort ›intellektuell‹ verwendet wird? Anscheinend gibt es da eine neue Definition, unter die Rutherford bestimmt nicht fällt, und Eddington, Dirac, Adrian und ich selber auch nicht. Also wissen Sie, mir kommt das ziemlich komisch vor.« (C. P. SNOW: Die zwei Kulturen. In: H. KREUZER: Literarische und naturwissenschaftliche Intelligenz, S. 11)

Inzwischen ist die literarische Intelligenz zum Teil durch die politische überholt worden. Weder die konsequente Ablehnung noch die geistig-passive Adaption naturwissenschaftlicher Positionen (gleiches gilt für die politischen) durch die Literaturwissenschaft ist eigentlich konstruktiv. Es geht nicht darum, die Literaturwissenschaft naturwissenschaftlichen Methoden (oder den Gesellschaftswissenschaften o. a.) voraussetzungslos anzugleichen, aber man sollte aufhören, sie als Geisteswissenschaft elitär zu konservieren.

Wenn die Reflexion von Theorien als eines der »kennzeichnenden Denkbedürfnisse« unserer Zeit (V. Žmegač) angesehen wird, andererseits aber der Mangel derselben in der deutschen Literaturwissenschaft konstatiert wird, trifft das im Kern einen überholten Sachlichkeitsbegriff gegenüber der Fachgeschichte. »Das Beste, was man tun kann, ist immer weiter zu nörgeln, und das ist wahrhaftig eine bescheidene Leistung.« (Snow, Kreuzer, S. 24)

1 Zur theoretischen Literaturwissenschaft. Eine Stellungnahme zu Vorurteilen

1.1 Vorbemerkung

Alle Einzelkritik wurde in der Einleitung als Kritik der unzulänglichen Theorie begründet. Da auch Kritik der Einfachheit halber kontinuierliche Rede sein sollte, wird auf die Dramaturgie der anerkennenden oder bekennenden Gesten in den späteren Analysen verzichtet. Dieser Teil ist – im sozusagen didaktischen System der Arbeit – als Kontext gedacht, der Sinn und Grenzen der Kritik signalisiert. Sie bezieht sich, auch wenn sie natürlich an Autoren gebunden sein muß, nicht auf deren Leistung, sondern auf das System der Literaturwissenschaft, in dem sie eine zeitgemäße Rolle spielen.

Die vorrangige Auseinandersetzung mit E. LEIBFRIEDS »Kritischer Wissenschaft« erklärt Tendenzen der klassischen Literaturwissenschaft an einer Arbeit, die deren Wissenschaftsverständnis reformieren wollte. Das ordnet sie der Phase der augenblicklichen Übergangsentwicklung zu, Sinn und Grenze der Kritik liegen darin, die Schwierigkeiten dieser Phase, die auch für die vorliegende Arbeit anzunehmen sind, darzustellen.

1.2 Zum Selbstverständnis der Literaturwissenschaft

1.2.1 Sprachkünstlerische und wissenschaftliche Aussageökonomie. Zur Problematik des theoretischen Äquivalents

In der folgenden Aussagesimulation läßt sich – die polemische Überspitzung sei als Diskussionsgrundlage erlaubt – eine grundsätzliche Schwierigkeit der Literaturwissenschaft am Beispiel der problematischen Begrifflichkeit der Erzähltheorie ausdrücken: »Die vorliegende Beschreibung der literarischen Beschreibung ist ein Bericht über die Erzählung der Beschreibung.« Das ist eine Simulation, deren Inhalt nur *formal* interpretiert werden soll (und wohl auch nur so interpretiert werden kann, weil ihr *Inhalt* sinnlos ist); und zwar im Zusammenhang mit der Behauptung, daß die Literaturwissenschaft die Bedingungen einer wissenschaftlichen Sprache im Zusammenhang mit Informationsleistungen und -bedürfnissen einer gesellschaftlichen Gruppenbildung ›Wissenschaft‹, die, um direkt funktionieren zu können, der Information in relativ-einfachen Schritten bedarf, bisher weitgehend aus dem Wissenschaftsverständnis klassischer Prägung herausgehalten hat. ›Richtig‹ ist eine solche Aussage (bei allem Vorbehalt) möglicherweise unter den Bedingungen einer ›einfühlenden‹ Interpretation zu nennen. Sinnlos wird sie demjenigen erscheinen, der aufgrund der verweigerten Sachinformation den wissenschaftlichen Sinn nicht erfüllt sieht.

Bei kritischer Betrachtung der Fachgeschichte wird man eingestehen müssen, daß der Bearbeiter literaturwissenschaftlicher Forschung nicht selten solche Entscheidungen treffen muß. Vor einigen Jahren noch war die ›erlebende‹ Rezeption die übliche.

ERWIN LEIBFRIED stellt in »Kritische Wissenschaft vom Text« die Diskussion von erkenntnistheoretischen Fragen dieses Zusammenhangs vor. Hier wird davon ausgegangen, daß *Vorfragen* zur phänomenologischen Konstitution ausgeschaltet werden können. Es wird davon ausgegangen, daß es unterschiedliche rezeptionstheoretisch bzw. phänomenologisch-erkenntnistheoretisch zu bestimmende Verhaltensweisen bei der Erfahrung eines literarischen Werkes gibt, daß aber nicht jede nur deshalb wissenschaftlich zu nennen ist, weil das Phänomen des Vorverständnisses nicht auszuschließen ist. LEIBFRIED stellt phänomenologisch-neutrale Erklärungen vor funktionskritische.

Auch wenn angenommen wird, daß die literaturwissenschaftliche Begrifflichkeit einen relativ großen Unbestimmtheitsgrad nicht überwinden kann, bleibt als Möglichkeit, wenigstens größere Direktheitsgrade der mittelbaren Umschreibung erreichen zu können. Zum Beispiel: Ich kann behaupten, der Inhalt der angeführten Aussage sei richtig, für den Bezugsgegenstand in einer Bedeutung richtig, die ich alleine *verstehe* – dann lege ich eine Bedeutungs- und Bezeichnungsfunktion zugrunde, die *dichterisch* genannt werden könnte. Kritisch kann ich eine solche Aussage sinnlos nennen, weil ihre mißverständliche Form eine subjektive Gewißheit nicht als annähernd objektivierbares Ergebnis wissenschaftlicher Arbeit an andere zu vermitteln in der Lage ist. Daß eine wissenschaftliche

Aussage immer Indikator für nachfolgende Interpretationen sein *kann*, ist ein positiver historischer Vorgang des wissenschaftlichen Fortschritts, etwas anderes ist demgegenüber die aus dem Verzicht auf eine wissenschaftliche Aussageökonomie folgende *permanente Selbstinterpretation,* der nicht zuletzt ein gewisses Unbehagen an unserer Wissenschaft entspringt.

Sprache *über* Sprache, Literatur *über* Literatur kann sich als Wissenschaft nur dann abgrenzen, wenn sie eine von ihrem Gegenstand unterschiedene Zielvorstellung der Vermittlungsfunktion hat. Als andere *kritische* Möglichkeit bliebe eine sich bescheidende Erwartung an mögliche Rezipienten und Kritiker. Sollte die Informationsweise eines Wissenschaftlers sein Selbstverständnis als Dichter (im klassisch-allgemeinen Wortsinn: Die auch hier schon auftretenden Relativierungen bleiben vorläufig beiseite) signalisieren, wird er nicht unbedingt bei der Literaturgeschichtsschreibung berücksichtigt werden; unsere Wissenschaftsgeschichtsschreibung kennt keine ähnlichen Vorbehalte. Andere Fachbereiche schreiben alleine durch die wissenschaftstheoretische Systematik und die historische Zuordnung bestimmter Theorien zu zeitbedingten Meditationsstufen ihre kritische Geschichte; in der Literaturwissenschaft fehlt diese Systemkritik.

Die Wissenschaft von der Literatur sollte als Ausdruck ein *theoretisches Äquivalent* zu einer sich als nicht-wissenschaftlich verstehenden Darstellung und ihren intendierten Darstellungsinhalten schaffen. Beide Formen der Mitteilung sind durch eine unterschiedliche Anwendung der Begriffe zu kennzeichnen. Dichtung geht es nicht um begriffliche Exaktheit, nicht darum, die Sphäre oder den Horizont eines Begriffs so weitgehend auf einen Kern einzuschränken, daß er *einem Inhalt annähernd identisch wird* (zur pluralen Wissenschaftskonzeption s. in d. Zus. auch SCHOPENHAUER). Soweit die Formulierung des Problems im Zusammenhang mit klassischen Literaturbegriffen. Zweifellos ist es keine zu verallgemeinernde Forderung an die sog. Kunstliteratur, sich identischer Begriffe zu bedienen; jedoch ist zu berücksichtigen, daß ein umfassenderer Einheitsbegriff von Literatur die wissenschaftlich systematische Rede einbeziehen könnte und deren Bedingungen reflektieren müßte. Wenn auch die erste Aussage im Zusammenhang mit Belletristik nicht falsch ist und anwendbar bleibt, müßte sie parallel zur möglichen Erweiterung einer Systematik von Literaturbegriffen offener formuliert werden: Die wissenschaftliche Aussage sollte ein solches begriffliches Äquivalent darstellen, das dem jeweiligen Gegenstand in dem Sinne angemessen ist, als es dessen Klassifikation in einem System von wissenschaftlichen Gegenständen sinnvoll möglich macht. Wissenschaft ist nur mit Hilfe relativ-identischer Begriffe möglich, Literaturwissenschaft muß zum Teil erst möglich gemacht werden.

Die theoretischen Äquivalente z. B. zu dem, was sich als Technik des literarischen Beschreibens und Erzählens äußert, sind unzureichend. Beispielsweise bezeichnen ›Beschreibung‹ und ›Erzählung‹ im klassischen Bedeutungssystem unterschiedliche theoretische Gegenstände, einerseits Großeinheiten literarischer Gebilde (Beschreibende Poesie und Erzählung qua Gattung), andererseits Elementeinheiten eben dieser literarischen Gebilde (Beschreibung und Erzählung als ›Strukturen‹ der Epik) und drittens undefinierte Mitteilungsformen des literarischen Sagens überhaupt (»Erzählung, [...]; nicht genauer zu bestimmende Form der → Epik: [...].« s. G. v. Wilpert: Sachwörterbuch der Literatur, 1961). Zweifellos erfolgen Zuordnungen innerhalb traditioneller Systeme nach gewissen Konventionen, so daß Mitteilungen über diese Bereiche möglich sind, solange sie in hermeneutischen Typologien stehen. Problematisch wird die Anwendung in theoretischen Systemen, die nur dann ihre Funktion erfüllen, wenn entweder jeder Begriff annähernd identifizierbar einem Gegenstand zuzuordnen ist oder die Bedingungen der doppelten Benutzung für notwendig erklärt werden aufgrund der möglichen Identität zweier Gegenstände unter einer Perspektive.

Folgender Schluß einer logischen Analyse gilt auch für die Identifizierung scheinbar kontradiktorischer literarischer Strukturbestimmungen unter einer durch erweiterte Kenntnisse sich ergebenden neuen Perspektive:

Die Identität ist nun weder die Identität der Zeichen noch auch die Identität der bezeichneten Gegenstände (Türklinke und Brecheisen), sondern die Identität der in der Eindeutigkeit des Begriffes festgelegten Perspektive, die mich nötigt, durch eine logische Abblendung Türklinke und Brecheisen in einen Aspekt zu bringen, in dem sie, unbeschadet ihrer durch x und y bezeichneten Verschiedenheit als dasselbe, nämlich als Hebel, erscheinen. Sie erscheinen dann zwar nicht so, wie sie von sich aus sind, aber sie erscheinen als Gegenstände objektiver Aussagen und somit als Objekt (G. Picht: Bildung und Naturwissenschaft: Zit. nach C. F. von Weizsäcker: Zum Weltbild der Physik, S. 279).

Die Literaturwissenschaft bestimmt die ›Beschreibung‹ vorrangig als zwar konstituierendes Element der Erzählung, nimmt sie aber andererseits als dem Wesen nach nicht eigentlich episch, ohne diese Antinomie als solche zu erklären oder die antithetische Bestimmung in einer anderen Relation aufzulösen. Beschreibung als Strukturbegriff ist einerseits nur integrales Element der Texteinheit Erzählung, andererseits ist sie Erzählung im Sinne der sukzessiven Konstituierung der Einheit. Beschreibung und Erzählung müssen also gleichwertig benutzt werden, um die Qualität der sog. statischen Beschreibung als dynamische Erzählung erklären zu können, andererseits sind sie nicht absolut gleichwertig aufgrund nur der Unterscheidung von Einheitsbegriff Erzählung und Elementbegriff Beschreibung (in der klassischen Theorie sind sie hauptsächlich in Kontradiktion gesetzt, weil die Beschreibung angeblich die Zeitfolge, das ist die Folge der Handlungen der fiktiven Personen, unterbricht und damit deren sog. Fiktivität durch intersubjektiv-erfahrbare ›Wirklichkeiten‹ relativiert).

Zu diskutieren ist aber, daß Erzählung als Aktualisierung von Bewußtseinsinhalten auch Beschreibung eines ›Früher‹ ist (zur Information über objektive, subjektive und reale Zeit und deren Problematik. s. Peter Bieri: Zeit und Zeiterfahrung). Auf einer begrifflichen Ebene besteht demnach Ähnlichkeit. Die logische Analyse dieser scheinbar kontradiktorischen Begriffe erweist sie als komplementär. Prinzipiell wird man für das Problem der Begriffsbildung annehmen können, daß es keine grundsätzlich anderen Schwierigkeiten enthält als im ›exakt-wissenschaftlichen‹ Forschungsbereich.

Auch die geisteswissenschaftliche Begriffsbildung kann sich nach allgemeinen Regeln der ›logischen Abblendung‹ vollziehen. Die eigentlichen Probleme sind wohl solche, die sich aus dem Unverständnis der Gesellschaftsstruktur *auch einer Wissenschaft* ergeben, es fehlt die Bereitschaft zur allgemeinen begriffskritischen Übereinkunft. Daß eine solche Übereinkunft nicht willkürlich sein kann, versteht sich von selbst, dementsprechend wird sie Probleme aufgeben. Die von E. Leibfried (Identität und Variation) vorgestellte, von Philosophen aufbereitete Sprachanalysis scheint so, wie sie von Leibfried angewandt wird, nicht weiterzuführen. Der Hinweis darauf, daß allgemeine Begriffe nicht wie Eigennamen fungieren, daß beschreibende Ausdrücke Summenformeln von Eigenschaften sind, daß es »systematisch irreführende« Ausdrücke gibt, die Paralogismen und Antinomien bewirken, ist gegeben (s. G.

RYLE: Systematisch irreführende Ausdrücke. In: R. BUBNER: Sprache und Analysis); sie im Zusammenhang mit literaturwissenschaftlichen Begriffen lediglich zu referieren bewirkt wenig, weil ihre mechanische, nicht aufbereitete Anwendung neuerliche Ambivalenzen von literaturwissenschaftlichen Aussagen zur Folge hat.

Im Zusammenhang mit LEIBFRIEDs Ausführungen ist folgendes zu bedenken: Wenn er als grundsätzliche Formel von »Identität und Variation« die Summe eines Begriffs zu einem ›wenn..., dann... Schema‹ öffnet (wenn etwas die Eigenschaften xyz hat, dann kann man es als eine Anekdote bezeichnen), so führt diese Öffnung zweifellos dazu, eine fixierte Bestimmung als möglicherweise infinite Summation zu erklären; wenn aber andererseits die Dominantsetzung als Merkmal der Begriffsbildung primär im Zusammenhang mit traditionellen Dominanten gesehen wird und das Funktionieren der Begriffe in der Dialektik von Aktualität *und Habitualität* dennoch als gesichert gilt, bleibt eigentliche Begriffskritik ausgeschlossen. LEIBFRIED schränkt zwar *wertende* Dominantsetzungen ein, sieht aber nicht das eigentliche Problem der nur annähernd möglichen wertfreien Dominantsetzung und reflektiert nicht, daß die klassische Literaturwissenschaft aufgrund des ihr eigenen Theorieverständnisses willkürlich wertende Dominantsetzungen vorrangig tradiert, die erst darauf zu überprüfen wären, ob sie nur meinungsbildend oder tatsächlich angemessen sind. Wenn LEIBFRIED davon ausgeht, daß von beispielsweise Anekdotischem nur dann sinnvoll zu sprechen ist, wenn »dieses Moment« vorhanden ist, »wenn es nicht vorhanden ist, liegt eben ein anderes Phänomen vor« (S. 17), läßt er unberücksichtigt, daß die bestehende Eigenschaftssummation unzureichend sein könnte. In einem einfachen *Summationssystem* bleibt die unkritische Inhaltsangabe zu den Begriffen im Vordergrund; da das *Funktionieren* der Begriffe vorausgesetzt wird, werden traditionelle Dominanten unbesehen übernommen.

Hier liegt die Schwierigkeit literaturwissenschaftlicher Begriffe begründet, sie erfüllen nicht die Grundvoraussetzung von Identität und Variation: In der vorgestellten Formel ist kaum einer der inneren Begriffe mit sich selbst relativ identisch; außerdem ist zwar die Formel variabel genug, um weitere Additionen aufzunehmen, das System der Literaturwissenschaft ist jedoch so sehr im Habituellen verhaftet, daß die Variabilität der Begriffe *selbst* nicht reflektiert wird. Sie wird wohl als historisches Faktum genommen, nicht aber als Möglichkeit der Aktualisierung von theoretischen Inhalten überhaupt. JAN MUKAŘOVSKÝ stellt ein anderes Verständnis als Prinzip des Strukturalismus vor (»Kapitel aus der Poetik«):

Der Strukturalismus macht sich nämlich die grundlegende innere Wechselbeziehung des ganzen Begriffssystems der jeweiligen Wissenschaft bewußt: jeder der Begriffe wird nämlich durch die Gesamtheit der übrigen bestimmt und bestimmt diese reziprok, so daß er eindeutiger durch den Ort bestimmt werden könnte, den er in dem gegebenen Begriffssystem einnimmt, als durch eine Aufzählung seiner Inhalte, die – solange mit dem Begriff gearbeitet wird – sich in ständiger Veränderung befinden. (S. 8)

Die kritische Analyse müßte entweder historischen Dominanten ihre Stelle im entsprechenden Begriffssystem anweisen oder ein Eigensystem im Zusammenhang mit einer logischen Analyse der Begriffe vorstellen. Zusammengenommen wäre ein solches Verfahren eine Vorurteile weitgehend ausschließende *Topologie der Begriffe,* eine Relationenanalyse sowohl innerhalb der *Begriffs-* als auch der *Problem*geschichte. *Sie nähme die Probleme der Begriffsbestimmung als Probleme der Theorie selbst, in der sie fungieren.*

Ein Habitus ist ein meinungsbildendes Verhalten; man könnte von der Summenformel eines wissenschaftlichen Begriffes zu einer bestimmten Zeit als dem Habitus gegenüber dem bezeichneten Gegenstand sprechen; in diesem Sinne schließt die Fundierung im Habituellen eine echte Aktualisierung aus, weil sie sich additiv nur anschließen würde, möglicherweise sogar solchen Bestimmungen, die aktuell für sinnlos genommen werden könnten. Die Verstehbarkeit auch aktueller Begriffe dagegen beruht auf Konventionen: Gleichbleibenden Begriffen wird ein neuer, differenzierter Sinn zugeordnet.

1.2.2 Wissenschaftlicher Eklektizismus. Zur Quellenkompetenz

In diesem Zusammenhang fällt ein *eklektizistisch* zu nennendes Verfahren in den Bemühungen um *Wissenschaftlichkeit* der Arbeit an Literatur auf. Das bezieht sich auf die unkritische Adaption außerfachlicher Ergebnisse als Kompetenzen, denen nichts Gleichwertiges an die Seite gestellt wird und angeblich nicht gegenübergestellt werden kann. Dies führt zur einfachen Übertragung von Aussagen, die nicht uneingeschränkt in dem neuen Gegenstandsbereich anwendbar sind. Daß die eigene Fachgeschichte kaum ausgewertet wird, zeigt eine gewisse *Unfähigkeit* zur kritischen Bearbeitung hi-

storischer Quellen. Meinungsbildende Stellungnahmen werden wohl tradiert, solche Systeme aber, die moderne Themen vorgeschichtlich, d. h. ohne Explikation enthalten, werden in einer quasi philologischen Weise um ihrer selbst willen interpretiert.
Wäre z. B. die Rhetorik im allgemeinen Fachbewußtsein noch *offenes* System und nicht Lehrgebäude einer nicht eigentlich literarischen Disziplin, so würden sich Anregungen für eine moderne Literaturwissenschaft auch z. B. von hierher ergeben.
Das würde allerdings eine Analyse der Barockpoetik unter dem Aspekt der literarisch-*elitären* Rhetorik erfordern, um den Ausschluß der *allgemeinen* Rhetorik aus dem Bereich der Literatur als nur historisch-bedingter Lehre zu kennzeichnen. Es sei darauf verwiesen, daß die sich in barocken Poetiken konstituierende *literarische* Rhetorik den Bereich der *intellektuellen Stellungnahme* als weitgehend unpoetisch den eigentlich *poetischen,* affektiv-wirksamen Redeweisen gegenüber abwertet.
Da jedoch – um ein Beispiel für den Traditionsmechanismus in diesem Zusammenhang zu geben – der Habitus der Barockpoetik gegenüber der allgemeinen Rhetorik tradiert wird, die getroffenen Abgrenzungen von literarischer Rede und Rhetorik als generelle Ergebnisse der *Poetologie* genommen werden, konnten Bemühungen der Rhetorik um Probleme wie Definition, Finitisierung, Infinitisierung im Zusammenhang mit den Bedingungen der literarischen und wissenschaftlichen *Mitteilung* innerhalb der Literaturwissenschaft kaum wirksam werden. Interessant im Zusammenhang mit der modernen Sprachphilosophie sind z. B. die kritischen Analysen der Rhetorik zu Aussage und Ausdruck von Quasi-Definitionen in Topoi, Beschreibungen usw. ... Sie werden analytisch betrachtet als Finitisierungen eines an sich infinit zu füllenden Begriffs in einem Bild – die Beschreibung etwa einer ›schönen Landschaft‹ durch ausgewählte Requisiten wie Bach, Sonne usw. wäre die Finitisierung des Begriffs ›Schönheit‹ oder allgemein der Frage danach, was schön ist. Solche Bestimmungen haben durchaus theoretischen Wert für die Literaturwissenschaft. Die literaturwissenschaftlichen Begriffe können demnach fachspezifischen Charakter haben; das richtet sich gegen einen Fachpessimismus, der in der einfachen Adaption außerfachlicher Forschungsergebnisse die angeblich geringe Eigenleistung zu rationalisieren sucht. Auch in diesem Zusammenhang ist ein Rückgriff auf grundsätzlich andere Bedingungen einer theoretischen Literaturwissenschaft notwendig, unter der Voraussetzung des Unterschiedes zwischen *klassizisti-*

scher Habitus-Tradierung und kritischer Adaption der Fachgeschichte.

Ein nicht geringer Teil literaturwissenschaftlicher Arbeit besteht in der angeblich ›*neutralen Quellen-Interpretation*‹ und deren Referierung, wobei ›neutral‹ meint, daß die historische Quelle in einer Weise interpretiert wird, die den zeitgebundenen Inhalt rein darstellt, ihn systemimmanent interpretiert, ohne seine Einheit durch Reflexionen vom heutigen Wissenschaftsstandpunkt her aufzulösen (für die eigentliche textkritische Philologie eine selbstverständlich notwendige Methode, gefragt ist, wieweit diese für die theoretische Arbeit in eigenverantwortlichen Systemen erforderlich ist).

Im Zusammenhang mit der Theoriebildung können Quellen nicht mehr als Studienobjekte sein, die eigenverantwortliche Systeme anregen können. Statt der neutralen Quellendarstellung verlangt das eine *systemkritische* Diskussion im Zusammenhang mit intendierten *Eigen*systemen und der speziellen *Bereichs*disziplin, in der sie stehen. Philologisch kann die Art der Interpretation einer Quelle justifiziert werden, die Justifikation einer allgemeingültigen theoretischen Aussage kann nicht durch historisch bedingte und damit nur gesondert gültige Quellen erfolgen.

Für dieses Problem zunächst ein Beispiel für das Verfahren der üblichen Quelleninterpretation: In der Klassikrezeption stehen sich zwei Gruppen gegenüber, die pauschal den Gesellschaftssystemen Ost und West zugeordnet sind (polar etwa anzuführen sind B. v. Wiese, H. A. Korff, Joachim Müller, H.-G. Thalheim). Sie demonstrieren zwei grundsätzlich mögliche Methoden zur Interpretation von Fachgegenständen aus der Literaturgeschichte. Die eine ist bemüht, ein geistesgeschichtliches Beispiel ›Klassik‹ in seiner Originalität als Epoche zu demonstrieren; die andere demonstriert die Dramaturgisierung der ›Klassik‹ für die Bühne unserer Zeit, und zwar sowohl im ursprünglichen Sinn der Theaterdramaturgie als auch im übertragenen Sinn der gesellschaftlichen Funktion: auf der einen Seite also die sog. Neutralität, auf der anderen die Politisierung im Sinne moderner Gesellschaftsverständnisse. Das zweite Verfahren entspräche prinzipiell einer Art von gesamtkritischer Rezeption, wobei, wie gesagt, nur das Prinzip interessiert, doch ist auch das im Zusammenhang mit theoriebildenden Systemen einzuschränken. Da auch das zweite Verfahren den Anspruch auf Neutralität gegenüber der Quelle aufrechthält, sich als neutrale und insofern ›richtige‹ Interpretation mit Belegen und Zitaten zu verifizieren meint, bleibt es als Methode nur dadurch unterschieden, daß die Intention des Nachweises eine andere ist. Historisch bedingte Aussagen können innerhalb der Literaturtheorie nicht *bedingungslos* als Kompetenzen angeführt werden, deshalb erübrigt sich die Behauptung und Forderung einer neutralen Quelleninterpretation in diesem Zusammenhang. Im gleichen Maße, wie dieser Anspruch entfällt, entfällt die Bedingung der Möglichkeit, eine quasi dramaturgische Theorie – die Quellen lediglich in ihren generalisierbaren Aussagen auswertet – als *falsche* oder *richtige* Quelleninterpretation zu bezeichnen. Wenn wir z. B. im System der Rhetorik oder wo auch immer Anregungen finden, die unter speziellen Bedingungen für eine generelle Theorie sinnvoll sind, ist es überflüssig zu fragen, ob die Ableitungen den historischen Bedingungen der Quelle entsprechen, da sie ja gerade die historischen Bedingtheiten zugunsten einer weiteren Anwendbarkeit eliminieren. Ähnliches gilt für das Informationsmaterial aus anderen Fachwissenschaften, das nicht notwendig in seiner Eigenaussage nutzbar sein muß.

LEIBFRIED entwickelt im Zusammenhang mit HUSSERLS Phänomenologie Phasen der Bearbeitung von Literatur, die vom primären Erleben, Fühlen usw. zur kritischen Reflexion führen. Bei aller geplanten Versachlichung bleibt die Abhandlung im Bereich der *traditionellen* geistesgeschichtlichen Diskussion. Das traditionelle *Selbstverständnis* der Literaturwissenschaft wird vorbehaltlos akzeptiert. Die ›wesentliche‹ und ›eigentliche‹ Verständnisforschung als spezielle Fachhaltung wird kaum bezweifelt, weil angeblich aufgrund der hermeneutischen Zirkelstruktur nicht zu umgehen. Das Phänomen der zweifachen Erlebnismöglichkeit eines Gegenstandes als privates und als wissenschaftliches Objekt gilt jedoch gleichermaßen für Physiker, Mediziner usw., weder wird der eine bei seiner wissenschaftlichen Arbeit davon ausgehen, daß die Sonne dem Meer entsteigt, noch der andere der Seele einen anatomischen Platz anzuweisen versuchen. Es gibt eine Form der wissenschaftlichen Disziplinierung, die zwei in ihrem Wert gleiche, in der Anwendung zu unterscheidende Talente am richtigen Ort zu gebrauchen lernt. Dazu bedarf es einer facheigenen Phänomenologie, die vom literarischen Ding an sich auf die ›Sache Literatur‹ herabsteigt. Die affektive Assoziationsbeziehung zur Literatur kann zweifellos bestimmte Forschungen intentional bestimmen, trotzdem bleibt wissenschaftliche Sachlichkeit der kompetente Prüfstein; das wissenschaftliche Weltbild anderer Fachbereiche schließt auch die private Gegenstandskonstitution nicht aus, Warnungen vor positivistischer Einebnung sind also nicht unbedingt gerechtfertigt. Im Stufensystem der Rezeptionsformen ist Wissenschaftlichkeit da anzusetzen, wo die private Erwartung die Reflexion nicht mehr auf vorwissenschaftliche Stufen zurückführt.

Die Literaturwissenschaft wird sich insgesamt mit geistesgeschichtlichen Traditionen in einer Form auseinandersetzen müssen, die den hermeneutischen Zirkel *dieser* Ausprägung unterbricht, den der Tradierung von Meditationsstufen und Selbstverständnissen als *endgültigen* Kompetenzen. Im Zusammenhang mit der Theoriebildung zielen diese Forderungen nicht dahin, daß die Benutzung fachinterner oder externer Quellen ausgeschlossen sein soll zugunsten eines absoluten Neubeginns. Es gilt lediglich, die Bedingungen der Anwendbarkeit zu prüfen. Ein von vorliegenden Systemen abgeleiteter beweisender Schluß ist nicht schon aufgrund der *abstrakten Formulierung* eine theoretische Aussage. Die übliche Methode, Quellen von ... bis ... vorzustellen, um anschließend ihre Aussage theoretisch zu formulieren, ist nur die Negation der historischen Bedingtheit der Quelle. Zur Theoriebildung fehlt der Ausschluß der nur bedingt anwendbaren Inhalte der Aussage oder die Beschränkung der Gültigkeit der Theorie.

1.2.3 Die polemische Struktur des Systemcharakters der Literaturwissenschaft. Zum Meinungspluralismus

Nicht zuletzt ist der Grund für den Theorien- und Methodenpluralismus in der fehlenden Systemkritik zu sehen. Die Behauptung der Unumgänglichkeit desselben aufgrund der *prinzipiellen* Unentscheidbarkeit literaturwissenschaftlicher Meinungen erscheint im Zusammenhang mit der allgemeinen Wissenschaftsdiskussion als *zu pessimistisch*. Systemkritik erfordert allerdings in der Literaturwissenschaft spezielle Begründungen als prophylaktische Diskussion von Vorurteilen: Wissenschaftlichkeit ist nicht in *der* Form von Sachlichkeit erschöpft, die, bei aller scheinbaren Polemik, lediglich ein interkollegiales Schonungsprinzip auf Kosten der Materie darstellt. Das aber scheint in unserer Wissenschaft der vorherrschende Sachlichkeitsbegriff zu sein, der sich, wenn man die Hintergründe für den Rückzug auf die nicht mögliche ernsthafte Kritik mit dem Wissenschaftsverständnis zu erklären versucht, aus einem Vorgang ergibt, der fachwissenschaftlicher Deutungszirkel genannt werden kann – wenn alle fachspezifischen Erkenntnisse nur als Deutungen verstanden werden, dann sind Deutungen wiederum

Zum Selbstverständnis der Literaturwissenschaft

nur zu deuten usw. Die Korrektur bleibt im Zirkel der quasi tabuisierten Unwissenheit.

LEIBFRIED sucht Gründe für den literaturwissenschaftlichen Meinungspluralismus, ohne Unterscheidung von einfacher meinungsbildender Entscheidung ›für‹ oder ›gegen‹ und wissenschaftlichrelevantem Urteil; so spricht er gleichwertig von ›Literaturtheorien‹ ohne Reflexion der jeweils angewandten Theoriebegriffe. Eine Analyse ist jedoch nur sinnvoll, wenn zwischen *eigentlicher Theorie* und *dogmatischen Systemen* unterschieden wird. In LEIBFRIEDS Analyse fehlt die Differenzierung zwischen den Bedingungen einer wissenschaftlichen Kritik der Eigenlogik von Systemen und dem behauptenden Meinungsstreit. So sagt er:

Polemik gegen eine These besteht in ihrer Ablehnung; eine Ablehnung, die als solche nicht begründet ist, deren Rechtfertigung sich allein aus der Aufstellung einer neuen Position ergeben soll. Eine Position kann jedoch höchstens sich selbst rechtfertigen, nie die Ablehnung einer anderen Meinung begründen. Polemik bedeutet also: Konfrontation einer Theorie mit einer anderen, wobei die eigene Theorie als die bessere hingestellt wird; [...] (Krit. Wiss., S. 127)

Bezeichnend ist die *mechanische* Identifikation von Meinung und Theorie, die ein klassisches Verhalten der Literaturtheorie als wissenschaftliches Verfahren unbesehen akzeptiert. Polemik als solche besteht noch nicht in der Ablehnung einer These; scheinbar erweitert LEIBFRIED seine Aussage um die Bedingung: wenn sie als Ablehnung nicht begründet ist. Doch die Problematik bleibt: Selbst eine Antithese als solche ist keine Polemik. Außerdem kann nur die – wenn auch unbewußte – *klassische* Analyse zu dem Schluß führen, eine Eigenposition könne zwar sich selbst justifizieren, nicht aber eine andere falsifizieren. Diese Auffassung ist darauf zurückzuführen, daß die ›Wahrheitsfrage‹ für unentscheidbar genommen wird. Das Kernproblem, daß die Literaturwissenschaft als *Fachsystem* polemische Gegenüberstellungen enthält, wird zwar indirekt beschrieben, nicht aber in den eigentlichen Zusammenhängen gesehen.

Zu kritisieren ist nicht der Versuch, eine eigene Meinung, die sich theoretisch fundieren läßt, zu justifizieren; zu kritisieren ist ein Wissenschaftsverständnis, das sich kaum um die Probleme der Systematisierung von Fachwissen kümmert, wodurch der Eindruck *einer polemischen Wissenschaft überhaupt* entsteht. Innerhalb des Fachbereiches bleiben einzelne Aussagegebilde nebeneinander ste-

hen wie quasi eigenständige, sinnschlüssige Werksformen, mit der Funktion und der Bedeutung, wie sie literarische Werke innerhalb der Literaturgeschichte haben, nur, daß selbst diese durch die Interessenentscheidung des ›normalen‹ Lesers weit mehr relativiert werden in ihrer historisch-bedingten Bedeutung als wissenschaftliche Systeme, die immer wieder *ungeordnet* der neutralen Rezeption des wissenschaftlichen Neulings angeboten werden (ein zweifellos auch die *pädagogischen Ziele der Systematik* nicht reflektierendes Verfahren). Vorbedingung einer kritischen Systematik wäre unter anderem die Diskussion von Begriffen wie ›Objektivität‹ und ›Parteilichkeit‹. Bei einer Systemkritik, der es darum geht, eine Anpassung an für sinnvoll genommene zeitgenössische Bewußtheiten zu ermöglichen, kann Objektivität nur soweit gehen, wie die zuvor ausgesprochene Parteinahme für Modernität im kritischen Sinn es erlaubt. Parteilichkeit ist schließlich – handelt es sich um ein tatsächlich emanzipatorisches Verfahren – immer austauschbar, je nach den historisch für notwendig gehaltenen Inhalten. Die Parteinahme für ein modernes Wissenschaftsverständnis ermöglicht eine zweifellos objektivere, vorurteilsfreie Systematik, entsprechend den Relativierungen der Gegenstandsbestimmungen. Objektivität wird nicht allein durch verbale Vorsicht und auch nicht durch Rationalisierungen erreicht, in denen sich der Beobachter als objektiv *vorstellt*. Vielmehr gilt es, von der augenblicklichen Diskussion her, Parteilichkeit zu legitimieren und zu legalisieren. Legitimiert wird sie durch ihren erkenntnistheoretischen Sinn; erstens in bezug auf die Tatsache, daß es auch in einer *Wissenschaft Unterdrückungen* geben kann, deren Überwindung nur durch eine Parteinahme möglich ist, die dann sozusagen emanzipatorisch wirkt; zweitens mit Blick auf ein Verständnis von Objektivität als *methodisch erzeugter* und damit *veränderlicher* Potenz eben der Parteilichkeit. Legalisiert wird sie dadurch, daß Bevorzugungssysteme als solche *kenntlich* gemacht werden.
Daß ein ›Wie‹ der Erfassung entscheidend zum Ergebnis wissenschaftlicher Arbeit beiträgt, ist bewußt geworden. Es erübrigen sich *solche* Erklärungsversuche, die neue Verwirrungen bringen. Folgender Versuch LEIBFRIEDS, der auch im Zusammenhang mit dem Theorien- bzw. Meinungspluralismus steht, zeigt die Grenzen solcher Bemühungen um Wissenschaftlichkeit, die die Basis klassischer Vorverständnisse und Verfahrensweisen *nicht* überwunden haben.

Um das Gemeinte an einem einfachen Beispiel, dem des Metrums, zu verdeutlichen: wenn man alle denkbaren Metren bis auf das jambische erlebt hat, dann gehört das jambische Metrum nicht zum Begriff, der sich als das bei allen Metra als gleich Erkannte durchhält. Wenn nun ein jambisches Maß zum ersten Mal erlebt wird, dann stellt sich zur Entscheidung, ob man dieses jetzt Erlebte mit dem früher als Metrum Bezeichneten zusammenbringen will. Es wäre denkbar, daß jemand zwischen Metrum und jambischem Maß keinen Zusammenhang sieht und daher den Jambus als eigene Kategorie neben die anderen Metra stellt (Aphasie). In einer solchen Literaturtheorie [!] gäbe es dann verschiedene Metra und auch den Jambus. (Krit.Wiss., S. 128)

Wenn ein Metrum zum erstenmal von einem Literaturwissenschaftler auf dem Hintergrund der Erfahrung von Metren anderer Meßbarkeit erfahren wird, erfährt er ein *Neues,* aber doch ein *neues Metrum* (vorauszusetzen ist die wissenschaftliche Charakterisierung des Metrums als periodisch-rhythmischer Abfolge usw., die eine Wiedererkennbarkeit ermöglicht). Das Verfahren, neben ein System von Metren ein System Jambus unbestimmt stehen zu lassen, kann nur als Fehlleistung betrachtet werden, wenn vorausgesetzt wird, daß es ein Literaturwissenschaftler ist, der so verfährt, und daß es eine Fachwissenschaft gibt, die die entsprechende Kritik zu leisten in der Lage sein müßte. Diese ›Literaturtheorie‹ als solche überhaupt zu bezeichnen, die literaturwissenschaftliche Sammlung von Theorien in diesem Zusammenhang zu erklären, ist zweifellos nicht sinnvoll. Möglich ist eine solche Aussage nur, wenn man Wissenschaft dadurch hinreichend ausgeführt sieht, daß eine objektgerichtete Arbeit geleistet wird, die auch bei augenfälliger *Sinnlosigkeit* durch ihren Gegenstandsbegriff als zur Wissenschaft gehörend betrachtet wird. Beruhte der Meinungspluralismus in der Literaturwissenschaft auf dieser *neurologischen* Symptomatik, dann wären alle Bemühungen um Wissenschaftlichkeit zum Scheitern verurteilt: Von unfreiwilliger Härte ist die von LEIBFRIED in Klammern gesetzte Diagnose des oben beschriebenen Vorgangs als »Aphasie«, womit im entsprechenden wissenschaftlichen Umkreis eine Erkrankung der Hirnregion bezeichnet wird, die es dem Kranken nicht erlaubt, *die Sprache sinnvoll als Ausdruck für Denkvorgänge zu verwenden* (so die neurologische Definition der sensorischen Aphasie). Solange davon ausgegangen wird, daß Literaturwissenschaft aufgrund eines Behauptungsanspruches Wissenschaft *ist,* statt davon, daß Wissenschaft in einem Prozeß permanenter Kritik und Dikussion *wird,* ist eine Systematik ausgeschlossen, die aus dem Angebot von Literatur zur Literatur ein System wissen-

schaftlicher Aussagen macht, aus dem Nebeneinander von Theorien ein System entweder notwendiger Pluralität macht (Theorien zu unterschiedlichen Gegenstandsbereichen, unterschiedlicher Relevanz usw.) oder ein kritisches Ordnungsschema entwickelt.
Die moderne Physik scheut sich nicht zu sagen, daß die klassische Physik nicht den Grund der Wirklichkeit erfaßt (s. WEIZSÄCKER: Zum Weltbild der Physik), wobei allein durch den ein Relationensystem voraussetzenden Begriff von der ›klassischen‹ Physik, im Unterschied zur modernen, eine gleichermaßen historisch-*wertende* und emanzipatorisch-*aufwertende* Kritik geliefert wird. Es muß wenigstens *fragbar* sein, ob die Literaturwissenschaft noch den Grund ihres Gegenstandes erfaßt, ob sie ihn überhaupt erfassen kann, ohne die Reflexion anderer wissenschaftlicher ›Wirklichkeiten‹. Auch in diesem Zusammenhang ist ein Mangel an bewußten Stellungnahmen zu historischen Prozessen aufzuweisen, etwa solcher vom möglichen Verhältnis sich wandelnder *Weltbilder* (im Sinne der Physik) zu sich wandelnden Literatur- und Wissenschaftsbildern: »Wirklichkeit und Kunstcharakter« (W. KILLY) sind Pole nicht nur der literaturwissenschaftlichen Reflexion, die Rezeption von Bewußtseinsinhalten der anderen ›Wissenschaftskulturen‹ weist darauf, daß die Begriffe wie literarische ›Subjektivität‹, ›Fiktion‹, ›Kunstcharakter‹ usw. einer zuordnenden Diskussion im Zusammenhang mit Begriffen wie ›methodische Abblendung‹, wissenschaftliches ›Als-Ob‹, ›Komplementarität‹ usw. bedürfen, um auf einer Ebene wissenschaftlichen Fortschreitens *Fortschritte* zu integrieren. Oder: Der Begriff Kunstcharakter mit allen klassischen Vorverständnissen des Kunstbegriffes in Relation zu ›Systemcharakter‹, der Begriff Gattung innerhalb der Literaturwissenschaft im Verhältnis zu Bestimmungen der Biologie, der literaturwissenschaftliche absolute Weltbegriff (auf ihm gründet die Autonomietheorie) im Unterschied zum relativen Wirklichkeitsbegriff.

Der Naturalismus versteht die Wirklichkeit als das, als was sie von der klassischen Physik, die dem cartesischen Wahrheitsbegriff und der cartesischen Ontologie folgte, definiert worden ist. Die klassische Physik war im Augenblick ihrer Entstehung die denkerische Möglichkeit ihrer Zeit. Damals war es ein zentraler Teil der Aufgabe des Künstlers, die Natur so wiederzugeben, wie sie wirklich ist. Dieses »wirklich« transzendierte freilich den Horizont der späteren, abgeschlossenen klassischen Physik, aber es bezeichnete immerhin die Richtung der denkend-schauenden Bewegung, welche die klassische Physik erst möglich gemacht hat. Kein Horizont kann sich bilden ohne eine Erde und einen Himmel, die weiter reichen als der Horizont.

Die Neuzeit ist zweideutig und vernichtet ihre Ziele, indem sie sie erreicht. Die Photographie vernichtet den Naturalismus, indem sie ihn erfüllt. Der Künstler erfährt: das also ist nicht Kunst. Was ist Kunst dann? Der Physiker erfährt: die klassische Physik erfaßt nicht den Grund der Wirklichkeit. Wo ist er dann? [....]
Kunst kann Ausdruck sein. Sie kann auch Erforschung des Ausdrückbaren durch das Mittel des Ausdrucks sein. Sie kann zum psycho-analytischen Diagramm werden. Sie kann schließlich Erforschung der möglichen Ausdrucksformen sein.
Ausdrucksformen aber kann es nur geben, wenn es Seinsstrukturen gibt. Die Quantentheorie kann nicht mehr im Begriffsschema des an sich seienden materiellen Objekts, dem das denkende oder empfindende Ich gegenübersteht, gedacht werden. Gleichwohl ist sie Wissenschaft. Sie stellt das, was sie in seinem Sein noch kaum bezeichnen kann, in der mathematischen Formel dar. Diese aber ist nur die Stenographie einer reinen Struktur. In der Struktur deutet sich uns etwas von den Bedingungen der Möglichkeit physikalischer Objekte und ihres Wahrgenommenseins an. Ähnliches sucht die Kunst der reinen Formen. Findet sie es? Sicher stellt sie eines der Themen unseres Jahrhunderts. (C. F. V. WEIZSÄCKER: Entepente und die abstrakte Kunst. In: Zum Weltbild..., S. 249 f.)

Dieses Beispiel soll nicht analysiert werden, wir sehen aber hier einen sinnvollen Ansatz zur Bewältigung auch des literaturwissenschaftlichen Methoden- und Theorienpluralismus, wobei unter *Bewältigung* nur die *Explikation* der immanenten Schwierigkeiten gemeint ist. Das heißt, daß die Tatsache vom Bestehen verschiedener Methoden bzw. Theorien für sich genommen nicht negativ zu beurteilen ist, vorausgesetzt, diese Vielfalt von ›Ausdrucksformen‹ entspricht der Vielfalt von literarischen Strukturen und dem Stand der allgemeinen wissenschaftlichen Diskussion. In der Erzähltheorie aber konkurrieren offenbar *reibungslos* Texte, die soziologische Äquivalente haben, mit der Theorie vom autonomen Kunstwerk, und innerhalb der Realismusdiskussion ist keineswegs geklärt, ob der literaturwissenschaftliche Realismusbegriff der modernen Auffassung der Wirklichkeit entspricht. Das literaturwissenschaftliche Weltbild zeigt sich ambivalent, weil es gespiegelt durch vorrangig formale Bestimmungen von Literatur erscheint. Doch liegt *gerade* in dieser dem Vergleich zugänglichen Ambivalenz die Chance, Methoden und Theorien der Literaturwissenschaft historisch-gesellschaftlich zu deuten und einer Systematik zugänglich zu machen. Der Dialog mag dann so aussehen, wie RENATE LACHMANN es beschreibt: »Die konservative Literaturkritik gibt Auskunft über das Maß der Normenverletzung des ablösenden Systems, die progressive über den Trivialitätsgrad des abzulösenden Systems.« (Die Zerstörung der ›schönen Rede‹..., S. 465)

Um zu unserem Ausgangspunkt zurückzukommen – eine Kritik der Qualität einer Wissenschaft ist eben zu dem Zeitpunkt möglich und notwendig, der eine veränderte Wissenschaftskonzeption anbietet.

1.3 Zur Revision des klassischen Wissenschaftsbegriffs in der Literaturwissenschaft

1.3.1 Absoluter Wahrheitsanspruch und relative Wissenschaftlichkeit

Solange der Wissenschaftsbegriff im Zusammenhang mit Literatur einerseits vom *Wahrheitsanspruch des objektiven Geistes* her, andererseits im *negativ-wertenden Vergleich zur exakt-wissenschaftlichen Meßbarkeit* definiert wurde, hatte die Arbeit an Literatur kaum eine Chance, sich als Wissenschaft zu emanzipieren. Der objektive Geist widerlegt sich selbst im *Zirkel* der Konkurrenzmeinungen, der Verzicht auf sprachliche Offenheit und Systemlogik erschwert eine irgendwie geartete ›empirische‹ Prüfbarkeit, die unsachliche Grundeinstellung, der *konventionelle* Sachlichkeitsbegriff, läßt kaum Kritik an der Eigenlogik zu.

Die Versuche des literaturwissenschaftlichen ›Messens‹ sind zwar fruchtbar gewesen (vor allem die sich an G. MÜLLER anschließenden Untersuchungen über ›Erzählzeit und erzählte Zeit‹), aber für eine weiterführende Entwicklung müßten u. a. die von MÜLLER abgeblendeten philosophischen Raum-Zeit-Diskussionen einbezogen werden. Daß MÜLLER zunächst den methodisch sichersten Einstieg unternahm und verhältnismäßig einfach zu bestimmende Relationen auswählte, ist legitim. Es scheint jedoch, als würden *seine* Einschränkungen bis auf weiteres für *endgültige* genommen, sie sind wohl auch so lange aufrechtzuerhalten, wie die Unsicherheit gegenüber der Wissenschaftlichkeit unseres Faches als *Tradition und Erbe der Geisteswissenschaft klassischer Prägung passiv hingenommen wird*.

Die moderne Wissenschaftstheorie hat plurale Wissenschaftsbegriffe erarbeitet, Aufgabe der einzelnen Wissenschaften bleibt es, diese Relativierung von Absolutheitsansprüchen durch die Übernahme entsprechender Wissenschaftskriterien wirksam zu machen. Logisch-systematische Arbeit hat die Literaturwissenschaft in früherer Zeit kaum geleistet, kaum leisten können, solange sie keinen adäquaten *Erkenntnis*begriff entwickelte. Die Auseinandersetzung um entgegengesetzte Erkenntnisformen von Geisteswissenschaft und eigentlicher Wissenschaft ist im Kampf um die Emanzipation auch der Literaturwissenschaft eine zwar verständliche, aber nichtsdestoweniger hybride Verdrängung des Problems, entstand doch daraus die Position der *Wertüberschätzung*. Die literarische Intelligenz entwickelte das ›Verstehen‹ als ihren *endgültigen* wissenschaftlichen Erkenntnisbegriff.

Ich verzichte in solchen Zusammenhängen auf die konkrete Diskussion einzelner Beiträge (z. B. DILTHEY), da es nur darum geht, allgemeine Tendenzen der Literaturwissenschaft innerhalb der Wissenschaftsentwicklung zu sehen. Auch der Begriff ›objektiver Geist‹ ist nicht in einem beziehentlichen Sinn konkretisiert (etwa HEGEL), hier wird damit allgemein die geisteswissenschaftliche Konzeption beschrieben, die bewußtseinseigene, aber ideologisch abhängige *Meinung* für objektiv zu nehmen aufgrund der angeblich ausgeschlossenen Objektivierbarkeit literaturwissenschaftlicher *Aussagen*. Auch hier herrscht das starre Modell weiter, denn andererseits bietet gerade das kritische 19. Jahrhundert Ansätze eines entmetaphysierten, sich bescheidenden Selbstbewußtseins. Die grundsätzliche Relativierung drückt SCHOPENHAUER so aus:

Es ist [...] eine zwar gangbare, aber verkehrte Meinung, daß Wissenschaftlichkeit der Erkenntniß in der größern Gewißheit bestehe, [...]. [...] Wissenschaftlichkeit, als welche nicht in der Sicherheit, sondern in der durch das stufenweise Herabsteigen vom Allgemeinen zum Besonderen begründeten Form der Erkenntniß liegt. (Werke, nach J. FRAUENSTÄDT, hrsg. v. A. HÜBSCHER. Die Welt als Wille und Vorstellung 1, Bd. 2, S. 76)

Es bleibt im Detail zu prüfen, wieweit in Arbeiten des 19. Jahrhunderts, die literaturwissenschaftliche Themen behandeln, ein *ähnliches* wissenschaftliches Bewußtsein entwickelt wurde; in einzelnen Begriffen und Problemen lassen sich ähnliche Tendenzen vermuten. GOTTSCHALLs Kennzeichnung der Poetologie als ›latente Poetik‹ der Werke, die damit verbundene relativierende Methodenbestimmung von Poetiken; WIENBARGS Gedanken zur Ästhetik als geschichtlicher Disziplin; die ›demokratische‹ Literaturbestimmung u. a. bei ADAM MÜLLER im Zusammenhang mit der formalen, bei HEINRICH HEINE im Zusammenhang mit einer konkret-zeitbezogenen Rhetorik bzw. dichterischen Rede. Folgender zweifellos moderner Ansatz findet sich bei BOUTERWEK: »Die Theorie der Dichtungsarten muß also die Idee der poetischen Vollkommenheit zersetzen, damit dem Verstande klar werde, was die Poesie ihrer wahren Bestimmung gemäß leisten will und kann.« (Ästhetik, S. 26 f.) Wird der Wissenschaftsbegriff dahingehend relativiert, daß die *Wissenschaftlichkeit der Methode* für hinreichend gilt, muß der Gewißheitsanspruch parallel dazu eingeschränkt, als *relativ abhängig von systemimmanenten Bedingungen* gesehen werden. Das hieße, der pluralen Konzeption eine fachinterne Wendung zur *Mehrwertigkeit* folgen zu lassen, damit die *Möglichkeiten* literarischer Darstellungsformen nicht mehr unter *voluntaristische Prinzipien* gebracht werden. Es geht, wie gesagt, um die formale Verwissenschaftlichung nicht im Zusammenhang mit prinzipiellen Positionen (seien es absolut *materialistisch-marxistische* oder *idealistisch-bürgerliche*), sondern darum, dem Gegenstand Literatur sowohl *ideologische* als auch *formale* Freiheit zuzugestehen. Die Mehrwertigkeit bezieht sich dementsprechend auf die Einschätzung der Literatur als einem *real-variablen* Gegenstand.

1.3.2 Dogmatischer Substantionalismus und Funktionenontologie

Literaturwissenschaftliche Ergebnisse können nicht dogmatisch einfache Regeln und Gesetze sein – die traditionelle Literaturwissenschaft erhebt aber nicht selten gerade diesen Anspruch. Eine einfache Bestimmung – etwa: Der Roman X hat die Struktur $X_{1,2,\ldots}$ – ist im Gesamt der möglichen Bestimmungen der theoretischen Einheit ›Roman‹ nur Teilbestimmung. Der Forschungsgegenstand muß jeweils einfach gemacht werden, d. h. er muß als Objekt der zielgerichteten Arbeit, als wissenschaftlicher Gegenstand konstituiert werden. Demnach müßte in einer relativ generalisierbaren Theorie die theoretische Objektbestimmung eindeutig sein. Sie wird es aber nur durch eine methodische Operation. So bezeichnet ›Literatur‹ eine vorgestellte Einheit, die aus methodischen Gründen postuliert werden muß. Ist der Forschungsgegenstand in einer Literaturtheorie *die* Literatur, so muß der zugrunde gelegte Einheitsbegriff einfach erfahrbar gemacht werden, indem ausgeschlossen wird, was der nur regulativen Einheit nicht zugezählt wird. In diesem Zusammenhang ist es sinnlos zu fragen, ob etwa ein Zeitungsreport prinzipiell Literatur ist oder nicht; er ist es oder ist es nicht, je nach den regulativen Bestimmungen des Einheitsbegriffs von Literatur (z. B. wäre eine vergleichende Untersuchung von Zeitungs- und Literaturinformation unter kommunikations-psychologischen oder allgemein informationstheoretischen Aspekten nur unter der Voraussetzung eines solchen erweiterten theoretischen Einheitsbegriffs von Literatur möglich. Auch eine Textsortenanalyse scheint nur sinnvoll, wenn die Gattungsbegriffe parallel zu den Klassen von Texten erweitert werden). Diese Einheitsbestimmungen könnten wieder, nach Gruppenbegriffen geordnet – z. B. Literatur im ästhetisch-wertenden Einheitsbegriff, Literatur im gesellschaftlich-wertenden Einheitsbegriff usw. –, das *gesamtwissenschaftliche* Objekt ›Literatur‹ konstituieren. Eine theoretische Literaturwissenschaft müßte also das Gesamt der vorgestellten Einheitsbegriffe erfassen wollen, wenn es ihr um eine *volle Funktion* ›Literatur‹ ginge und nicht um *dogmatische Substanzbegriffe.*

Die klassische Literaturwissenschaft diskutiert solche Fragen kaum. Literatur wird als *reales* Objekt einfach bestimmt, die Bestimmungen der Einheit gelten für absolute. Sieht man dagegen die Einheit jeweils nur als Einheit der theoretischen Objektbestimmung, muß man das sich ständig erweiternde System von realisierbaren Texten und theoretischen Literaturbegriffen als offenes vorstellen. Jedes durch die Bestimmung der Einheit einfach gemachte Objekt ist einfach zu *handhaben* nur im entsprechenden System, erst das vollständige Summensystem erfaßt die Einheit Literatur, die ihrer Wissenschaft angemessen ist. So wäre Literaturwissenschaft bestimmt als die Wissenschaft von den Beziehungen zwischen *theoretischer Einheit von Literaturbegriffen* und *realer Vielfalt literarischer Möglichkeiten,* mit dem Wissenschaftsziel, die Totalität des *realen* Objekts zu erfassen. Literaturwissenschaft ist damit als Forschung nach der totalen Bestimmung von Literatur bezeichnet, unter der Voraussetzung – das allerdings ist wesentlich –, daß ihr *Denken* die reale Totalität mit der Bestimmung des theoretischen Objekts zwar einschränkt, daß aber diese Einschränkung im *dialektischen* Prozeß zwischen Literaturbegriffen untereinander und Literatur keinen Anspruch auf *totale Erfahrung* erheben kann, sondern nur eine *methodische* Funktion hat.

1.3.3 Literaturwissenschaftliche ›Erfahrung‹

Der Versuch, den Gegenstand literaturwissenschaftlicher Arbeit als ein ›Reale‹ zu bestimmen, richtet sich zunächst gegen den geisteswissenschaftlichen Erkenntnispessimismus; die Spekulation rechtfertigt sich durch Fragen der modernen Physik.

Die Erkenntnis der Zahl als Zahl ist einer der Punkte, an der wir unsere naive Meinung überwinden können, alles Erkennbare, alles, was »es gibt« müsse den Charakter eines Dings haben. (v. WEIZSÄCKER, S. 216)
Die Gegenüberstellung Erfahrungserkenntnis – Erkenntnis des Allgemeinen ist ungenau. Einerseits setzt jede wissenschaftlich verwertbare, ja jede aussprechbare Erfahrung schon Begriffe, also stillschweigende Verwendung von Allgemeinem voraus. Andererseits sollte auch unsere Erkenntnis von Strukturen vielleicht als eine Erfahrung, nur nicht als eine Erfahrung vom Typ der Sinnesempfindung, bezeichnet werden. Sie unterliegt den Möglichkeiten des Irrtums, der Verdeutlichung, der Entwicklung. Die Rede von der Erkenntnis »reiner« Strukturen ist eine theoretische Idealisierung, bezeichnend einen Grenzfall. Wir kennen Strukturen als Strukturen von etwas; im paradigmatischen Einzelfalle leuchtet die Struktur auf. Naturgesetze können zwar nie in der Allgemeinheit, in der sie gelten, empirisch verifiziert werden; aber wir entwerfen sie als Hypothesen, die sehr wohl der empirischen Falsifizierung offenstehen. (v. WEIZSÄCKER, S. 221)

Der hier zugrunde liegende Strukturbegriff weist im Verhältnis zum *mathematisch*-linguistischen und *typologisch*-strukturalistischen Nuancen auf, die für die Theorie des Erzählens wichtig werden. Diese nuancierte Bestimmung liegt in der vorwiegend reflektierten Relation ›Struktur‹ – ›Erfahrung‹. Die Bestimmung eines literaturwissenschaftlichen Gegenstandes als Struktur ist geläufig, jedoch scheint die üblich gewordene schlagwortartige Anwendung dem Begriff den wesentlichen Sinn genommen zu haben. In der Bedeutung von ›Formelement‹ bezeichnet er eine organisierte und organisierende Teilform eines konkreten Literaturgebildes oder einer Sprache usw. Im linguistischen Strukturalismus wird die Schwierigkeit gesehen, Untersuchungsmethoden an Mikrostrukturen ohne spezielle Bestimmungen auf die literarische Makrostruktur zu übertragen. Die empirisch-*statistische* Analyse ist genau wie die empirisch-*hermeneutische* Typologie nur bedingt in Systeme der Literaturwissenschaft aufzunehmen. Wie weit es überhaupt möglich ist, innerhalb einer systematischen Literaturtheorie zu prüfen, »ob nicht auch für die Makrostruktur generelle und relativ unabhängige Regelsysteme formuliert werden können« (M. BIERWISCH: Poetik und Linguistik. In: KREUZER, GUNZENHÄUSER: Mathematik und Dichtung, S. 63), mag vorläufig dahingestellt sein; der Versuch, den literaturwissenschaftlichen Strukturbegriff sinnvoll zu bestimmen, wäre jedenfalls Voraussetzung.

Einen Ansatz bietet der relativierte Erkenntnisbegriff (siehe v. WEIZSÄCKER) und die Unterscheidung von Allgemeinem im klassischen Sinne des Absoluten und der hypothetischen Allgemeinheit von Theorien.

Die literaturwissenschaftliche Makrostruktur erscheint in Bestimmungen der *klassischen* Literaturwissenschaft als vorgegebene dichtungsimmanente Ordnungseinheit, die substantiell bestimmt werden kann. Sie ist aber als *Einheit* weit mehr eine *psychologische*, deren Konstitution als Makrostruktur während der Rezeption von Literatur noch nicht entscheidend ist für das Kennenlernen der Struktur *als* Struktur *von etwas*. Das meint, daß eine Struktur des Gebildes ›Roman‹ an einem konkreten Beispiel beschreibbar ist, eine sogenannte Beschreibung in einem Roman bestimmbar ist als Darstellung etwa eines Gebäudes, die Stellung dieser Beschreibung im Gebildegesamt bezeichnet werden kann usw. Alles das ist wohl unter den Begriff der Makrostruktur zu fassen, die dadurch bestimmt wäre, daß sie als Gebildeeinheit rezipiert wird; wenn wir annehmen, daß eine theoretische Literaturwissenschaft darüber hinaus die Mikrostruktur als Bedingung der Möglichkeit der Konstitution von Makrostrukturen reflektieren sollte, ist damit nicht der Anspruch *reiner* Strukturerfahrung erhoben, wie er sich etwa in Substanztheorien äußert, vielmehr geht es darum festzustellen, wie bei gleichbleibenden Mikrostrukturen des bezeichnenden Mediums, eben Sprache, unterschiedliche Zeicheneinheiten bestimmt werden können. Diese Analyse kann nicht von vorverständlich *fixierten* Strukturen ausgehen, sondern muß sie erst als solche *theoretisch* konstituieren. Das erforderte als erstes zu reflektieren, als was ›Struktur‹ *überhaupt* fungiert. Im Zusammenhang mit den Ausführungen v. WEIZSÄCKERS fällt auf, daß die Literaturwissenschaft die ›Struktur‹ kaum als *zwischen* Erfahrung und reinem Konstrukt anzusiedelnden *Relationenbegriff* ansieht. Der Marxismus kritisiert, wie bereits gesagt, in diesem Zusammenhang die formalistische Entwertung. Man könnte demnach sagen, daß die Definition von v. WEIZSÄCKER theoretisch neutral ähnliches ausdrückt wie die Widerspiegelungstheorie. Entsprechend scheint es nicht unangemessen, die literarische Autonomietheorie als platonische Lösung in den Bereich der absoluten Idealismusposition einzuordnen (s. APEL: Transformation . . .).

1.3.4 ›Objektivität‹ und ›Subjektivität‹ als relative Begriffe der Literaturwissenschaft

Objekt und Objektivierbarkeit sind in anderen Wissenschaften nicht prinzipiell unproblematischer anzugehen als in der Literaturwissenschaft. Das zeigt sich z. B. in der Physik, seit im Zusammenhang mit der Quantentheorie das beobachtende Subjekt in die erkenntnistheoretischen und ontologischen Überlegungen, im Gegensatz zum klassischen physikalischen Realismus, stärker einbezogen wird. Auch das Verfahren der analytischen Philosophie ist ähnlich – es wird nicht entschieden über (metaphysische) erkenntnistheoretische Fragen, sie werden von vornherein ausgeschlossen. Die *verhältnismäßige* Problemlosigkeit des naturwissenschaftlichen Denkens beruht eher auf der konsequenten *methodischen Trennung von Subjekt und Objekt, der theoretisch-konstruierten Abstraktion vom Subjekt.* Der geisteswissenschaftliche Subjektivismus ist in seiner dogmatischen Behauptung des objektiven Geistes keine diesem Verfahren gleichzusetzende Methode, weil er eher vom Objekt, als dem die Wissenschaft in Gang setzenden Bezugspunkt, abstrahiert, statt dessen das Subjekt, als dem *in Bewegung gesetzten,* reflektiert. Die Beobachtung von Literatur ist wissenschaftliche Beobachtung eines Objekts und Rezeption von gestalteten Gegenständen des Lebens zugleich. Die literaturwissenschaftliche Hermeneutik stellt den Lebenshorizont in den Vordergrund. Daß *private* Erwartungen an Literatur geknüpft werden, ist selbstverständlich für jede *private* Rezeption, daß sie die *wissenschaftliche Beobachtung* stören können, wird man nicht leugnen. Dazu ein Beispiel: In einer Arbeit von VOLKER NEUHAUS heißt es zum »multiperspektivischen Romanzyklus«:

Bei diesen Romanen ist allein die Summe des aus den verschiedenen Perspektiven Erzählten interessant, die Frage, ob die Spiegelungen der Wirklichkeit in den verschiedenen Personen einander gleichen, ergänzen oder widersprechen, in welcher Weise die Spiegel also die Wirklichkeit des Gespiegelten erfassen. Im auktorialen Roman gibt es diese Frage nicht. Der allwissende Autor hat einen übermenschlichen Zugang zur Wahrheit, [...]. (S. 161)

Nimmt man an, daß der auktoriale Roman aus einem *scheinbar* durchgängigen Blickwinkel geschrieben ist, bleibt es für eine theoretische Analyse bedenklich anzunehmen, wechselnde Perspektiven des Erzählens seien an *ausdrücklich genannte* Erzähler gebunden. Literaturwissenschaftliche ›Objektivität‹ als *Identität der Interpre-*

tation (der sich als allwissend gebende Erzähler wird als allwissender Autor bezeichnet, seine Erzählung als einwertig-perspektivisch im Gegensatz zu multiperspektivisch) führt nicht zu eigentlich analytischen Ergebnissen. In diesem Zusammenhang wäre größere *Subjektivität* des Wissenschaftlers zu fordern – ein nur scheinbares Paradox: Warum stellt man sich nicht *endlich* auf den Standpunkt, *Wissenschaft zu betreiben,* um dann die immanenten Probleme unter Abweisung der klassisch-mythologischen Hermeneutik anzugehen.

1.3.5 Literaturwissenschaft als Denken und Handeln?

Sinn und Leistung der Arbeit an Literatur kann man in humaner Bildung und Kulturentwicklung gesichert sehen. Die Angriffsfläche zeigt sich in diesem Zusammenhang für außerfachliche Kritiker von ihrer ganzen Breitseite, obwohl gerade eine solche Definition – vom Ballast der fatalen *Selbstüberschätzung* befreit, ergänzt durch *aktuelle* Gesellschaftsbegriffe – die Integration in das Gesamt von Wissenschaften als akut ›politischen‹ im positiv-soziologischen wie im kritisch-historischen Sinn möglich machte. Allerdings erfordert die Anpassung mehr als eine Aktualisierung von Begriffen, doch die Kritik von innen wird in der Auflösung und Neuordnung von Begriffen *als Symptomen des Denkens sozusagen therapeutisch handeln.* Die augenblickliche, nicht immer sachbezogen zu verstehende politische Intelligenz muß in diesem Prozeß notwendigerweise scharfe Herausforderung und Forderung sein, hat aber eindeutig darauf verwiesen, welche ideologischen Implikationen die scheinbar ideologiefreie Wissenschaft enthält, wie auch – neben der eigentlich politischen Diskussion – Literaturbilder ideologisiert werden (siehe P. RÜHMKORFs Anthologie von Popularversen im Gegensatz zu ENZENSBERGERS »Allerleirauh«. Hier stellt sich der ›schöne‹ Kindervers als Literarisierung des objektiv betrachtet nicht immer wohlerzogenen Kindermundes und des sprichwörtlichen »Volksvermögens« dar.)

Zu fragen bleibt, über diese *bereits manifeste* Diskussion hinaus, ob ein fachspezifisches Handeln möglich ist, ob es eine, unserer Wissenschaft zuzuordnende, Produktionen anregende Aktivität gibt (man muß diese Frage im Zusammenhang mit Theorie und Praxis etwa technischer Disziplinen verstehen; die gesellschaftliche Praxis nehmen wir als weitgehend problematisierte). In der Fachgeschichte gab es sie (die formal produktive Praxis) vielleicht im Bereich der Normpoetik zu der Zeit, als sie die *deutschsprachige* Literatur emanzipierte; das ist jedoch nicht gemeint. Allgemein wird man der normierenden Literaturwissenschaft keine produktiven Einflüsse auf Literatur zugestehen können. Literaturwissenschaftliche Forschung ist im allgemeinen auf die Explikation *realisierter* literarischer Formen beschränkt. Denkbar ist aber, daß sich eine *theoretische* Literaturwissenschaft, die noch über den bisher vorgestellten Begriff von Theorie hinaus eine *experimentelle* wäre, im Handeln der Literaten bewähren könnte, daß auch Literaturwissenschaft die Praxis als letzten Beweis der Richtigkeit ihres Denkens einbeziehen könnte. Es soll weder behauptet noch bestritten sein, daß es eine solche *experimentelle Literaturwissenschaft* geben wird; das Problem fordert jedoch einen methodischen Schluß. – Solange nicht im Sinne dieser prophezeienden Produktivität gehandelt wird, ist die Abhängigkeit vom literarischen Werk auch da als Problem bewußt zu halten, wo Aussagen unter dem Anspruch *genereller* Anwendbarkeit gemacht werden. Ihre hypothetische Allgemeinheit muß als durch die konkrete Erfahrung jederzeit einschränkbar gedacht werden. Zunächst wird auch eine theoretische Literaturwissenschaft kaum mehr leisten können, als die Bedingungen von Literatur so darzustellen, daß sie auf die größtmögliche Vielzahl realer Objekte zutreffen. Insgesamt müßten dadurch Dogmatismus und normative Poetik als ausgeschlossen betrachtet werden.

1.4 Diskussion

Verstünde sich die Literaturwissenschaft als Systemwissenschaft, dann wären die vorherigen Bestimmungen im wesentlichen für den gesamten Fachbereich relevant. *Jede fachliche Aussage über Literatur impliziert Abstraktionen, die theoriebildend wirken.* Die Literaturgeschichte etwa schreibt sich nicht selbst – eine relative Eigenpräsentation wäre die Daten verarbeitende Dokumentation aller erfaßbarer literarischer Erscheinungsformen – sie wird unter Auswahlprinzipien gestellt, die in concreto Aussagen darüber sind, *was* Literatur ist. Zwar sind sie nicht Theorie im Sinne eines eingeschränkt wissenschaftlichen Begriffs, aber sie bekommen *quasi*-theoretischen Aussagesinn im gesamten Fachsystem. Im wesentlichen resultieren die literaturwissenschaftlichen Dogmen daraus, daß diese mechanische Theoriebildung nicht systematisch überarbeitet wird. So müßten etwa die Einheitsbegriffe von Literatur konstatiert werden, *ohne eine Wertfrage zunächst zu erheben;* der theoretische Literaturbegriff dokumentierte *die Regel der Variabilität von Literatur als Möglichkeit der Identifizierung von literarischen Realitäten* qua Texten.

Die historisch-wissenschaftstheoretische Analyse würde im Rahmen der Positionen der Wissenschaftsgeschichte unterschiedliche Theoriebegriffe konstatieren und ordnen müssen. Mit dem Begriff von der klassischen Literaturwissenschaft haben wir einen Bereich von klassischer ›Theoriebildung‹ gekennzeichnet, der einzelne theoretische Ableitungen absolut setzt, sich dogmatisch und voluntaristisch gibt und ein kritisches Wissenschaftssystem verzögert. Die zukünftige Theorie der Literaturwissenschaft wird darüber zu befinden haben, ob klassische und moderne Zuordnungen so wertend ausgeführt werden können, daß damit eine vergangene Fachgeschichte und eine wissenschaftliche Aktualität bezeichnet werden; das kann an dieser Stelle dahingestellt bleiben. Zu sagen ist, daß durch die klassische theoretische Methode grundsätzliche Gegenstandsbereiche ausgeschlossen waren, vor allem die Beziehungen von sogenannten vorliterarischen zu als literarisch erkannten Strukturen, deren faktische Anerkennung schon den Abbau von Vorurteilen, deren Untersuchung eine Theorie der Literatur erst sinnvoll möglich macht. Kann etwa eine *durch Zahlen chiffrierte Mitteilung* unter gewissen Bedingungen unter den literaturwissenschaftlichen Begriff ›Erzählung‹ fallen, wie ein *dadaistisch chiffriertes Gedicht* unter den Begriff ›Gedicht‹?

Es zeigt sich, daß ein Großteil literaturwissenschaftlicher Bestimmungen vorurteilender Herkunft im weitesten Sinne des Wortes ist. Welche Bedeutung hat etwa der Ausschluß pragmatischer Geschichtsschreibung aus dem Bereich literaturwissenschaftlicher Theorie *allein* durch den Hinweis, daß solche ›Erzählung‹ ein empirisch-historisches Präteritum im Unterschied zum fiktiv-historischen enthält; die Bestimmung des zweiten wäre ja erst in Relation zum ersten möglich.

Die *primäre* Unterscheidung von Mitteilungsformen betrifft narrative *Modi* als unterschiedliche Konkretisierungen; die Ableitung, literaturwissenschaftlicher Gegenstand sei die Belletristik *allein,* müßte sich erst legitimieren. Hier entscheidet sich, ob die Literaturwissenschaft an der gesamtgesellschaftlichen Wirklichkeit partizipieren sollte. Erst dann könnte die theoretische Einschränkung auf

Belletristik auch solcher Kunstliteratur gerecht werden, die das empirisch-historische Präteritum längst einbezogen hat (s. die Formen der Dokumentation). Selbst wenn man den Systembegriff ›Erzählung‹ nicht auf Bereiche wissenschaftlicher Systeme usw. übertragen will (als Modus diskursiver Narration), müssen Strukturen der Mitteilung, Information, Beschreibung usw. anderer dispositions- und systembestimmter Textgruppen einbezogen werden (die relative Erzählfunktion von Systemelementen der historischen Darstellung, die Informationsfunktion vom wissenschaftlichen Text).

Zusammenfassend läßt sich sagen, daß es zunächst nur möglich ist, allgemeine Wissenschaftsprobleme für die Literaturwissenschaft aufzuarbeiten. Einzelnes gilt es zu integrieren, anderes abzugrenzen – Referate über philosophische, naturwissenschaftliche, ideologische usw. Systeme führen kaum weiter, wenn sie sich unter die *ausschließliche* Schirmherrschaft beanspruchter Kompetenzen stellen. Weder die Rede von bürgerlicher Literaturwissenschaft noch die von unphilosophischer oder nichtexakter usw. ist eine angemessene Konsequenz, klassische Wissenschaftsformen sind Bestand der Wissenschaftsgeschichte wahrscheinlich aller Fächer, zu modernisieren gilt es sie im Zusammenhang mit *wissenschaftlich* gewandelten Verhältnissen.

Ein Begriff von Sachliteratur und ein sachlicher Begriff von Literatur sind in unserer Wissenschaft weitgehend ausgeschlossen geblieben, weil ein elitärer Literaturbegriff *tradiert* wurde, nicht, weil sich der Bereich dieser Wissenschaft mit Notwendigkeit auf einen *schönen* oder *fiktiven* Gegenstand beschränken müßte, so beschränken müßte, daß dessen übrige Bereiche Spezialmethoden wie der Literatursoziologie in der Form überlassen werden, daß sie quasi zu wissenschaftlichen Disziplinen mit eigenständigem Fachcharakter werden. Eine tatsächliche Versachlichung der Literaturbegriffe ist offenbar nur möglich im Zusammenhang mit einer Versachlichung der Wissenschaft von Literatur. Wenn GANSBERG u. VÖLKER (Methodenkritik der Germanistik) von Literatur als Sache und Ware sprechen, ist das ein ähnlicher Versuch. Es gilt aber auch, im Zusammenhang mit *wissenschaftstheoretischen* Problemen zu erfahren, daß Literatur eine Ware ist, mit der recht zwangswirtschaftlich gehandelt wird, aufgrund eines parteiliterarischen Bevorzugungssystems; hier wäre das Verrufen der Sachlichkeit nur zu verstehen als Lamento um eine verlorene ›heile literarische Welt‹. Moderne Bewußtseinsprobleme wirksam zu machen, ist nicht zuletzt Aufgabe einer sich selbst reflektierenden Wissenschaft; in diesen Zusammenhängen ist eine theoretische Literaturwissenschaft allerdings als eine praxisbezogene zu sehen.

Der Gegenstand unseres Faches ist in einem zu explizierenden Sinn ein gesellschaftlicher Gegenstand, das wird von B. und W. FLACH mit dem Begriff der »intermodalen Präsenz« von Literatur umrissen. An diesem Begriff läßt sich die gesellschaftsbezogene Aktivität des Literaturwissenschaftlers verdeutlichen, gleichzeitig die Problematik der *manipulativen* literaturkritischen Eingriffe: Gesellschaftsbegriffe verschiedener Zeiten können mit literarischen Texten präsentiert werden, ohne die kommentierende Reflexion von *eigentlichen* Geschichtsschreibungen.

Der Begriff ›Ware‹, im Zusammenhang mit Literatur gebraucht, kann nur so lange schockieren, wie die entsprechenden Möglichkeiten *tendenzieller* Behandlung nicht bewußt werden. Dabei spielt es keine Rolle, ob sie bewußt oder unbewußt angewandt werden, die Einsicht in einen sozialwissenschaftlich zu benennenden und gesamtgesellschaftlich relevanten Prozeß gehört auch in den Zusammenhang der Fachreflexion. Andererseits ist zu bedenken, daß die Übertragung von in Ideologiesystemen verankerten Meinungen weder wirksam noch sinnvoll sein kann, fehlt ihr doch die vergleichende Aufbereitung von ideologischen *und* wissenschaftlichen Positionen. Der Materialismus als politisches Begründungssystem kann den literaturwissenschaftlichen Idealismus zwar angreifen, nur fragt sich, ob diese Methode eine eigentliche *Analyse* ersetzt. Wissenschaftliche Analysen in diesem Zusammenhang werden u. a. auf Fächer wie Soziologie und Philosophie zurückgreifen müssen, auf Informationstheorien, Kommunikationsmodelle usw., um die Rationalisierungs- bzw. Alibifunktion eines abstrakten gesellschaftlichen Bezugssystems durch wissenschaftliche Tendenzen zu erweitern. Die Begründung sachlicher Wissenschaftseinstellungen kann nicht primär von der doktrinären *Behauptung* einer *allgemeingültigen* Ideologie ausgehen. Solche Form der Politisierung einer Wissenschaft, die *wiederum* konkrete Vorurteile und Unterdrückungen zur Folge hat, ist nicht gefordert. Worum es geht, ist die Diskussion dessen, daß Literatur immer Realbezüge hat, ebenso die Wissenschaft von ihr; dagegen kann es nicht um die Forderung gehen, daß sie Bezüge zu *einem* realgesellschaftlichen System ohne Widerspruch haben muß.

Der Schluß, die Literaturwissenschaft sei nicht moderne Wissenschaft im Sinne eines theoretischen Wissenschaftsverständnisses ist folgerichtig, derjenige, sie sei nicht moderne Wissenschaft aufgrund des mangelnden historischen und soziologischen Systemverständnisses ist relativ folgerichtig, schließt andere Gründe jedoch nicht aus. Wir gingen lediglich davon aus, daß ein kritisches Geschichtsbewußtsein in einer ihr Material systematisierenden Wissenschaft vorgegeben sein müßte, ließen jedoch die Problematik speziell ideologisch bestimmter Geschichtsbegriffe ausgeschlossen; dies kann als legitim gelten, weil es eher um die Analyse eines Wissenschaftsverständnisses als eines klassischen ging, denn darum, ein ideologisches Gesellschaftsbewußtsein als etwa ›bürgerlich‹ zu kennzeichnen.

Kritisch einschränkend war zu zeigen, daß die Annäherung der Literaturwissenschaft an einen modernen Wissenschaftsbegriff einerseits zwar nur *passiver Nachvollzug* ist, andererseits jedoch *aktive* Interpretation sein kann. Zunächst waren nur Vergleiche mit Positionen anderer Fachbereiche möglich; dabei zeigte sich, daß formallogische bzw. kritische Parallelen bestehen und daß sich aus ihnen sinnvolle Ableitungen für die Literaturwissenschaft ergeben. Unmittelbar ging es darum, das Vorurteil *Theorie gleich Formalismus* zu bedenken zu geben, mittelbar zeigten sich grundsätzliche Voraussetzungen einer sachbezogenen theoretischen Disziplin im Zusammenhang mit dem Wissenschaftsverständnis allgemein: im wesentlichen die, daß die Literaturwissenschaft sich erstens akuter als Gesellschaftswissenschaft i.e.S. des Begriffes verstehen muß, und zwar sowohl in bezug auf das Wissenschafts- als auch auf das Gesellschaftsverständnis; zweitens, daß eine Theorie der Literaturwissenschaft die Voraussetzung für ein sinnvolles neues Verständnis schaffen muß; daß der Versuch, sich mit Literatur in einer solchen Weise zu beschäftigen, die parallel zu ähnlichen Disziplinen anderer Bereiche theoretisch genannt wird, zunächst zwar nicht auf Literatur als *empirischem* Werk, sondern auf Literatur als *möglichem Objekt* der Wissenschaft bezogen ist, daß aber gerade in diesem scheinbaren Formalismus auch die Möglichkeit enthalten ist, *die klassische absolute Formaltheorie zu erweitern.*

Wissenschaft, als durch eine Gruppe von sich ihr zuzählenden Wissenschaftlern konstituierte Aussage, repräsentiert ein gesellschaftliches System – diese *scheinbar* banale Feststellung zeigt sich als Voraussetzung dafür, daß Formen der Wissenschaftlichkeit so allgemein zur Anwendung kommen, daß sie eine Kommunikation der Gruppenmitglieder in einfachen Direktheitsgraden möglich machen. Wenn ein Gruppensystem zu einem bestimmten Zeitpunkt, der durch die Systemlosigkeit des der Gruppe zugehörigen Wissens

gekennzeichnet ist, nicht mehr sinnvoll funktionieren kann, dann erfordert das als Konsequenz eine Methode, die Reflexion von Selbstverständnissen, Theorie der Wissenschaft ist.
Ein enzyklopädisches Bewußtsein im Sinne der KANTschen Gegenüberstellung von enzyklopädischer Zuordnung und propädeutischer Einleitung ist Forderung an eine sich als *Wissenschaft* verstehende Forschungsgemeinschaft, deren unsystematisches Fachverständnis Widersprüche, die nicht *sachlich* bedingt sind, unproblematisch hinnimmt. Allein die Konstatierung zeitlich bedingter Wissenschaftstendenzen würde solche Widersprüche, die innerhalb einer theoretischen Analyse lösbar sind, einsichtig machen. Im Zusammenhang mit der Entwicklung der Erzähltheorie vom Barock bis in die Neuzeit zeigt sich z. B. folgendes Paradox: Es existieren drei unterschiedliche Positionen im Zusammenhang mit dem Erzählproblem, die jeweils zu verschiedenen Zeiten dominant vertreten werden; die erste ist Behauptung einer theoretischen Bestimmung ›historisches Erzählen‹, die zweite behauptet als vorrangige Qualität des Erzählens die ›mimetisch-fiktionale‹, und eine dritte fordert die Liberalität einer Theorie der Mischformen. Alle drei Auffassungen lassen sich sowohl in historischen Quellen nachweisen als auch im Zusammenhang mit Literaturanalysen darstellen. Jede für sich kann demnach nicht als generalisierbare Theorie des Erzählens gelten, auch nicht die dritte, wenn sie zwar von der mimetisch-fiktionalen Auffassung »stärkere Rücksicht auf das epische Präteritum« erwartet, der historischen gegenüber wiederum nur meinungsbildend behauptet, »daß Dichten [(...)] ein Akt der Gestaltung ist und als solcher nichts mit der Historie gemeinsam hat« (W. LOCKEMANN: Die Auffassung des Erzählens ..., S. 205). Die Tatsache dreier verschiedener Möglichkeiten der Realisation von Erzählungen weist jeder der behaupteten Auffassungen ihren Platz in der geistesgeschichtlichen oder werksanalytischen Einzeltypologie zu.
Theoretische Aussagen erfordern demnach ein logisches, sich selbst verantwortliches Eigensystem. Die direkte Ableitung theoretischer Aussagen aus Quellen- und Literaturbelegen ist propädeutische Einführung der Geistes- und Literaturgeschichte in eigene Aussagen. Eine systematische Theorie erfordert die enzyklopädische Einordnung in ein vorgestelltes System von Gegenstands- und Fachbereichen. Notwendige Voraussetzung und erster Schritt in diese Richtung ist die Auffassung, daß *auch* das Wissen der Literaturwissenschaft geschichtlich ist, Relativierungen der Geistesgeschichte

54 Zur theoretischen Literaturwissenschaft

des angeblich objektiven Geistes notwendig sind. Einer theoretischen Disziplin käme zunächst die Aufgabe zu, Widersprüche *einsichtig* zu machen, *traditionelle* Probleme aufzudecken, *moderne* Positionen zu bedenken zu geben. Wenn in der augenblicklichen Phase der Literaturwissenschaft fixierte Enzyklopädie und Systematik nur *Zielvorstellungen* sein können, die Arbeit auf Vorurteile ausräumende Bedenken beschränkt bleiben muß, so ist das ein Symptom einer Wissenschaftsauffassung, die sich gegenüber anderen Fächern mit erheblicher Verspätung modernisiert. *Kritische Begriffstopologie und Skepsis gegenüber klassischen Rechtsansprüchen sind auf diesem Wege vorbereitend für die Einordnung traditioneller Wissenslatenz in geschichtlich und gesellschaftlich verstandene Wissenschaftssysteme.*

2 Kritik der ›Erzähltheorie‹ einer klassischen Wissenschaftskonzeption

(Unter dem Aspekt methodologischer und ideologischer Transparenz von Bevorzugungssystemen)

2.1 Voraussetzungen der Systemkritik

Die folgende Analyse von Arbeiten zu Problemen des Erzählens ist Kritik der Erzähltheorie im Sinne einer Diskussion von Problemen, die sich aus der Fachgeschichte ergeben.

Die immanente Systemkritik verweist in diesem Zusammenhang konkreter als bei dem allgemeinen Bezugspunkt ›Wissenschaftsbegriff‹ auf Vorurteile, die sich aus der mangelnden Bewußtheit der ›weltanschaulichen‹ Bezüge von Literatur und Literaturwissenschaft ergeben. Die Analyse stellt eine *einseitig behauptende Stellungnahme* gegenüber *theoretisch möglichen Varianten* fest, zu bezeichnen als *Strukturnegation,* und ein Systemprinzip, durch das die beanspruchten Eigenschaften von Objektivität und Neutralität *nicht* erfüllt werden. Aufgrund der fehlenden Reflexion von *wissenschaftlich sinnvoller* und *problematischer* Parteinahme werden unzulängliche theoretische Aussagen geliefert, die in ihrer *meinungsbildenden* Parteilichkeit nicht verstanden und einsichtig gemacht werden. Daß Kritik etwas zu kritisierendes sich vornimmt, ist als Standpunkt legitim, der Einwand, kritische Arbeiten seien ohne die vorangegangenen nicht möglich, macht sie weder des Eigennutzes noch der Polemik verdächtig; sich den Wissenschaftsstufen, über die eine Fachentwicklung führt, *historisch* verpflichtet zu fühlen, ist eines, das System, das aus ihnen entstand, für relativierbar zu halten, ein anderes.

Es mag problematisch erscheinen, wenn in diesem Zusammenhang vorrangig Arbeiten aus dem regionalen Umkreis ›Germanistik‹ herangezogen werden. Dabei ist folgendes zu bedenken: Die aus der Kritik sich entwickelnden Positionen zur Literaturtheorie im allgemeinen und zur Erzähltheorie im besonderen stehen unter dem hypothetischen Anspruch, überregional anwendbar zu sein; sind sie es nicht, muß mit Notwendigkeit die Korrektur erfolgen, um den Systemanspruch aufrechthalten zu können und das Systemprinzip des nur hypothetischen Anspruchs als funktionierendes zu erhalten,

d. h. als ein solches, das durch Kritik und Erweiterung auch die Erkenntnismöglichkeit erweitert. Zudem kann die Analyse der Arbeit von KOSKIMIES sinnvolle Möglichkeiten des Verfahrens beispielhaft zeigen: Wenn angenommen wird, daß KOSKIMIES' Bestimmungen wesentlich geprägt sind durch den regionalen Umkreis des nordischen Großromans und dessen Tradition, so zeigt sich die nur regionale Bedingtheit der ›Theorie‹. Einzelne Aussagen zur klassischen Wissenschaftskonzeption sind, soweit sie zeitliche Bestimmungen oder Erklärungsversuche im Zusammenhang mit historischen Entwicklungen betreffen, zweifellos regional variabel.

Bei der Besprechung der einzelnen Arbeiten wird, vor allem im Zusammenhang mit PETSCH und MEYER, auch versucht, *solche Vorverständnisse* einsichtig zu machen, die eine verhältnismäßig lange Problemgeschichte und wesentlichen Anteil an bestimmten konstitutiven Merkmalen des literaturwissenschaftlichen Selbstverständnisses haben. Wir nehmen die Tatsache der mangelnden Aufarbeitung solcher Probleme für die wesentliche Ursache sowohl der Widersprüchlichkeit und Ambivalenz methodischer und ideologischer Positionen der Arbeiten zum Erzählproblem als auch der klassischen Selbstverständnisse der Literaturwissenschaft überhaupt.

Kritischer Mittelpunkt ist hier der Ästhetikbegriff, der als speziell literaturwissenschaftlicher weitgehend auf die vorgeschichtliche Bedeutung reduziert worden ist, auf die Kallistik als Schönheitslehre; damit korrespondiert die Reduktion auf belletristische Literatur. Versuche der Kritik stoßen gerade hier auf Ablehnung und werden mit dem Einwand zurückgewiesen, selbst die marxistische Literaturtheorie halte an ästhetischen Kategorien fest. Wieweit diese für eine literatur*kritische* Disziplin relevant sein mögen, interessiert hier nicht. Im übrigen liefert der Begriff »ästhetische Wirklichkeit« folgenden Hinweis: Seine doppelte Bedeutung bezieht sich einmal auf die Wirklichkeit des Schönen im Sinne *metaphysischer Qualitäten,* zum anderen auf die Wirklichkeit der Kunst als ontologisches und erkenntnistheoretisches Problem (zur Information s. A. DIEMER: Grundriß der Philosophie). Innerhalb der westlichen (besser hier: der westdeutschen) Ästhetik ist die Einschränkung auf den Bereich der literarischen Wertung ziemlich eindeutig (bezeichnend ist z. B., daß BENSES »Ästhetik« kaum so wirksam werden konnte, wie es der Intention entspricht, nämlich, den Literaturbegriff zu entmetaphysieren). Es wird die Frage aufgenommen werden müssen, welche Geltung die Kategorie der »Schönheit« innerhalb einer *allgemeinen* Wertetheorie haben soll; betrachtet man sie

als vorrangig historisch und regional bedingt, dann entspräche unserem Bewußtsein die messende Erklärung eines angeblich metaphysischen Phänomens. Betrachtet man sie als quasi moralische (d. h. normative) Forderung an Literatur, dann unterliegt sie den Einschränkungen, die alle *tabuisierenden Ideologien* betrifft.
Es ist bekannt, daß der Begriff ›Ästhetik‹ von BAUMGARTEN auf den Bereich der Literaturbetrachtung übertragen wurde, in der Absicht, aus einer kallistischen Poetik eine wissenschaftliche Disziplin zu machen. Dieser wissenschaftliche Anspruch für die Schönheitslehre wurde von KANT kritisiert wegen der unangemessenen Übertragung, die er darin sah, daß sich die Regeln einer spekulativen Disziplin nicht auf eine empirisch ableitende Schönheitslehre übertragen ließen.

Die Deutschen sind die einzigen, welche sich jetzt des Worts *Ästhetik* bedienen, um dadurch das zu bezeichnen, was andre Kritik des Geschmacks heißen. Es liegt hier eine verfehlte Hoffnung zum Grunde, die der vortreffliche Analyst Baumgarten faßte, die kritische Beurteilung des Schönen unter Vernunftprinzipien zu bringen, und die Regeln derselben zur Wissenschaft zu erheben. Allein diese Bemühung ist vergeblich. Denn gedachte Regeln, oder Kriterien, sind ihren *vornehmsten* Quellen nach bloß empirisch, und können also niemals zu *bestimmten* Gesetzen a priori dienen, wornach sich unser Geschmacksurteil richten müßte, vielmehr macht das letztere den eigentlichen Probierstein der Richtigkeit der ersteren aus. Um deswillen ist es ratsam, diese Benennung *entweder* wiederum eingehen zu lassen, und sie derjenigen Lehre aufzubehalten, die wahre Wissenschaft ist [...] *oder sich in die Benennung mit der spekulativen Philosophie zu teilen und die Ästhetik teils im transzendentalen Sinne, teils in psychologischer Bedeutung zu nehmen.* (Kritik d. reinen Vernunft. Werke, WEISCHEDEL, Bd. II, S. 70)

Tatsächlich sind die Bedingungen solcher Unterschiede bisher in der Literaturwissenschaft nicht reflektiert bzw. nicht durchgängig bewußt geworden. Aufgrund dessen ist es nicht völlig unberechtigt anzunehmen, daß dieses Prinzip relativ für ein ideologisches steht, das für die Kunstwirklichkeit einen vorrangig als Idealismus zu bezeichnenden Standpunkt darlegt. Charakteristikum dafür ist vor allem eine Unentschiedenheit zwischen der Bestimmung von Literatur als *Organismus* einerseits und solchen *System*bestimmungen, wie sie der Integrationsbegriff impliziert. Um die daraus entstehenden Widersprüche sinnvoll zu lösen, müßte versucht werden, Kunstliteratur wenigstens in den grundsätzlichen Merkmalen zunächst als Systemform zu *beschreiben,* um in der vergleichenden Systemanalyse erstens System*formen* von *Text*literatur überhaupt und Systemtypen von *Kunst*literatur theoretisch unterscheiden zu können. Die in »System und Klassifikation« vorgelegte Systemterminologie (A. DIEMER, Hrsg.) bietet möglicherweise eine erste Unterscheidung an: hierarchische Systeme: »Systeme mit differenter Valenz der Elementstellen (einige Elementstellen prävalieren allen anderen gegenüber) [diese entsprächen der Normvorstellung der klassischen Erzähltheorie, sind tatsächlich aber nur in axiomatisch-deduktiven Systemen verwirklicht] und periodischem oder nicht periodischem Sequenzcharakter (Begründungszusammenhang)« (S. 153); organismische Systeme: »Systeme mit differenter Valenz der Elementstellen (einige Elementstellen prävalieren einigen anderen gegenüber) und periodischem oder nicht periodischem Funktionscharakter (ganzheitlicher Stützungszusammenhang)« (ebd.). Die angeführten Spezialfälle »axiomatisch-deduktive Systeme« bzw. »kybernetische Systeme« bieten eine Ordnung von einem Spezialfall zu Typen anderer Systemprinzipien an, die als *nicht-künstlerisch-literarisch* betrachtet werden, dann möglicherweise auch zu *künstlerischen* Typen mit *ähnlichen* Systemprinzipien bzw. zur *Klassifikation* von künstlerischen Systemen mit einem ganzheitlichen Stützungszusammenhang relativ bezogen auf die Prinzipien der *Informations- und Darstellungsfunktion*. Vor allem die Untersuchungen zu künstlerischen Literatursystemen wären *anfangs* als hermeneutische Typologie zu leisten. Diese Bestimmungen stellen sich schwieriger dar als die, die RUDOLF HEINZ zur »Zwölftonkomposition als System-System« unternimmt; abgesehen von solchen zu ›seriellen Systemen‹ der Lyrik. Trotz dieser Einschränkungen gehen wir im folgenden von *der grundsätzlichen Bestimmung ›Literatur‹ gleich System aus.*

Dies gilt es zu bedenken, wenn wir im folgenden einen Integrationsbegriff kritisieren, der erstens Integration versteht als nur Prinzip einer *inneren harmonischen Ordnung* von Literatur und damit nur die Wirksamkeit einer *kallistischen* Kategorie reflektiert, der zweitens in einer Mischtheorie Literatur *gleichzeitig* als Organismus und als System nimmt – als System, in dem es organische und weniger organische Prinzipien des Aufbaus gibt –, auf der einen Seite ein organisches Integrationsprinzip als ›natürlich‹ oder ›urepisch‹ von abgewerteten Systemprinzipien unterscheidet, auf der anderen Seite nicht sieht, daß ein »organismisches System« mit einem »ganzheitlichen Stützungszusammenhang« ästhetische Kategorien der Kunstwirklichkeit mit ästhetischen Kategorien der ›Wirlichkeit‹ überhaupt in Relation setzen muß. Das ist vor allem zu bedenken bei den Ableitungen, die im Vergleich von ›Zeitkunst‹-

Dichtung und ›Raumkunst‹-Malerei, Plastik usw. dogmatische Vereinfachungen sind.

Die besprochenen Arbeiten entwickeln deshalb weitgehend kallistische Bestimmungen, weil die Funktion der einzelnen Systemelemente von Literatur nur *systemimmanent* betrachtet wird. Von einer sinnvollen Funktionenanalyse wäre demgegenüber die Struktur auch *als Struktur einer Wirklichkeitsaussage* zu analysieren und entsprechend *die Bedingungen der Konstitution von raum-zeitlicher Realwirklichkeit und begrifflicher Beschreibung einer kunstwirklichen Einheit*. (Hier böte sich ein Ansatz für eine *wissenschaftliche* Disziplin Ästhetik.) Dazu müssen nicht notwendigerweise Kants Begriffe von der empirischen Realität bzw. der transzendentalen Idealität herangezogen werden, sie dienen in diesem Zusammenhang nur als Hinweise auf die Problematik überhaupt. An einem konkreten Beispiel läßt sich vielleicht am besten nachvollziehen, was wir meinen: Die ›Utopie‹ ist wohl die komplexeste Einheit von Kunstwirklichkeit und entsprechend entweder zur Belegung der Fiktivität von Literatur herangezogen oder als Beweis gegen materialistische Widerspiegelungstheorien angeführt worden. Der marxistische Begriff von der Real-Utopie bezieht erkenntnistheoretische und ontologische Bestimmungen mit ein. Der Utopie eine eben utopische Wirklichkeitsvorlage zuzuordnen, heißt, sie als Fiktion zu bezeichnen, weil sie die *augenblickliche* empirisch-gesellschaftliche Wirklichkeit übersteigt; die Möglichkeit der Rückführbarkeit auf Erfahrung (und sei es nur die auf die Unzulänglichkeit der gegebenen ›Wirklichkeit‹) bestimmt die nicht-empirisch verwirklichte *dargestellte* ›Wirklichkeit‹ zwar als Idealität, aber als eine transzendentale im Unterschied zur transzendierenden, d. h. als eine solche, die aufgrund der *möglichen* Konstitution in real-möglichen Raum-Zeit-Dimensionen auf eine Wirklichkeitsvorlage zurückgeführt und in Relation zu ihr kritisch bestimmt werden kann.

2.2 Zur puristischen Erzähldoktrin und ihrer Ablösung

2.2.1 Robert Petsch: Wesen und Formen der Erzählkunst

In der Arbeit von PETSCH wird besonders deutlich, was bei anderen Autoren aufgrund der ›sachlicheren‹ Sprache weniger auffällt, obwohl die gleichen Vorurteile vorhanden sind. Die sprachkünstlerische Ambivalenz der Aussagen läßt eine schrittweise Analyse der Eigenlogik dieser Bestimmungen kaum zu, wie folgendes Beispiel zeigen kann:

> Alle diese Angaben [lokal bestimmender Art] sind für die poetische Wirkung ohne Wert oder gar hinderlich, wenn sie nicht gleichsam durchsichtig werden und über sich hinausweisen in einen nicht mehr meßbaren oder sonst identifizierbaren, aber doch identifizierbaren, aber doch bestimmten, miterlebten, schicksalsträchtigen Raum. (S. 182)

Die Beschreibung literarischer Phänomene in einer solchen Hintergründigkeit und Tiefsinnigkeit ist nur möglich, wenn die Möglichkeit der *substantiellen* Bestimmung des *Wesens* der Erzählkunst als *Potenz* der Intentionalität *eines subjektiven Bearbeiters* genommen wird. Wir abstrahieren im folgenden – so weit es geht – von diesen Transzendenzen und versuchen – anhand einer schematischen Darstellung der PETSCHschen ›Beschreibungsbegriffe‹ – seine ›Erzähltheorie‹ zu explizieren. Vorweg ist dazu eine Erklärung notwendig, die gleichzeitig ausführlicher rechtfertigt, warum der hypothetische Ausgangspunkt dieser Arbeit in der korrelativen Betrachtung von *Beschreibung und Erzählung* liegt: Die klassischen Formulierungen zur Erzähltheorie sind nur in den grundsätzlichen, d. h. *abstraktesten* Definitionen *positiv* auf den Begriff ›Erzählung‹ gerichtet, wie in der z. B., das Erzählen sei die Darstellung von Handlungen. Differenzierungen sind zumeist Negativbestimmungen integraler Elemente des *summierenden Gattungsbegriffs* ›Erzählung‹. So etwa alle Bestimmungen der ›Beschreibung‹ als an sich *nicht-episch* im Sinne der Wesensbestimmung ›Zeitkunst‹. Daraus ergibt sich eine normative Bestimmung des an sich nur eine Funktion der Systembildung bezeichnenden Begriffs ›Integration‹, so daß unterschieden wird zwischen wesensmäßiger Integration der die literarische Textrealität metaphysierenden ideellen Substanz und der erst durch Kunstgriffe zu integrierenden sozusagen profanen Elemente, wie es in erster Linie Angaben sind, die eine vom Leser wiedererkennbare Wirklichkeit beschreiben. Die ›Beschrei-

bungsbegriffe‹ der einzelnen Arbeiten geben also den meisten Aufschluß über die theoretischen Implikationen.
Geht man davon aus, Wesen und Formen der Erzählkunst bestimmen zu wollen, dann liegt darin der Anspruch der *generellen* Erfassung *der* Literatur, die unter einem Einheitsbegriff ›Epik‹ zunächst nur im Unterschied zu ›Lyrik‹ und › Dramatik‹ bestimmt ist; d. h., die fundamentalen Konstituierungsformen literarischer Aussagen untersuchen zu wollen, die als zum Erzählen gehörend betrachtet werden. Eine solchermaßen bestimmte Theorie des Erzählens liefert R. PETSCH nicht, sie stellt vielmehr *bevorzugend* eine Typologie der obersten Stufe der Stilebenentrias dar, ist also allenfalls Theorie des *hohen* Erzählstils im Sinne eines *historischen* Verständnisses dieses Stiltyps und bedient sich der entsprechenden Harmonisierungsmethode relativ zur postulierten Allgemeingültigkeit. Das Schema drückt dieses Bevorzugungssystem in einer Pyramide der steigend bewerteten metaphorischen Benennungen zur Funktion Erzählen – Beschreiben aus.

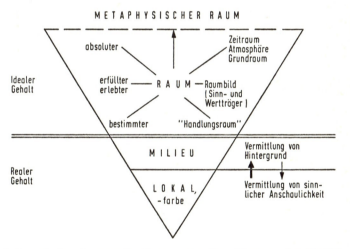

Axiomatische Ausgangsbestimmungen des ›Wesens‹ der Erzählkunst sind bei PETSCH in der ambivalenten Definition des Begriffs ›Zeitkunst‹ enthalten. Dieser Begriff erhält nach anfänglich neutraler erkenntnistheoretischer Sinngebung (die sukzessive Konstitution des Erzählten zur Erzählung) eine *normative* Bedeutung.
PETSCHS Grundbegriffe sind metaphorische Benennungen zum Begriffsfeld Beschreiben und Erzählen. ›Raum‹ bezeichnet einen metaphysischen, atmosphärischen Sinnhorizont, die Begriffe ›Milieu‹

und ›Lokal‹ sind nur scheinbar im Sinne beschreibbarer ›Wirklichkeiten‹ definiert. Systemimmanent leiten sich aus der *Dogmatisierung* des Begriffs ›Zeitkunst‹ Integrationsgrade ab, die die als Beschreibungsbegriffe zu bezeichnenden Klassifikationen ›Raum‹, ›Milieu‹, ›Lokal‹ bewerten. ›Lokal‹ und ›Milieu‹ als die weniger mit der durch die Handlung definierten epischen Zeit verbundenen Ausprägungen sind *untergeordnet* behandelt, die Ebene ›Raum‹ dagegen wird ausführlich abgehandelt. Auch sie wird noch in Integrationsebenen je nach Graden der Qualität unterteilt (rechts in der Pyramide). Die höchste ›Stufe‹ der Integration, eine Identität von Realbezügen und metaphysischen Sinn, ist der »Zeit-Raum« als ein sich in der Zeit »vollendender poetischer Raum«, das ist derjenige, der die »geheimen epischen Kräfte« des Geschehens ausdrückt. Raum als in diesem Sinne integrierter Raum heißt »Atmosphäre«, »Grundraum«. Der »erlebte Raum« ist gekennzeichnet durch die »lebendige Eroberung« durch eine Person, die Integrationsebene ist natürlich, der Parallelbegriff heißt »Raumbild«. Den »erfüllten Raum« nennt PETSCH »Sinn- und Wertträger«, er wird durch den Verweisungscharakter als integral bestimmt.

So dargestellt erscheinen die Bestimmungen *zunächst* noch sinnvoll, sinnvoll allerdings nur in einer klassischen hermeneutischen Analyse, als erzähltheoretische Begriffe sind sie zu diffus. Insgesamt ist einzuschränken, daß PETSCH zwar eine Beziehung von ›absolutem‹, ›erfülltem‹ bzw. ›erlebtem‹ und ›bestimmtem Raum‹ zum ›Lokal‹ nennt, innerhalb seines Systems aber keinerlei Beziehungen herstellt. Die Aufteilung im linken oberen Feld der Pyramide zeigt, daß PETSCH seine Bestimmungen parallel zu den traditionellen Stilebenenbegriffen gebildet hat; die Zuordnung des ›absoluten Raumes‹ zur hohen Erzählkunst und die *schon* im Bereich des *metaphysischen* Raums *absteigende* Wertung, macht die untergeordnete Behandlung der im Gegensatz dazu *realeren* Bezugsbestimmungen deutlich. PETSCH liefert also keineswegs eine theoretisch relevante Phänomenologie der Konstitution einer literarischen Wirklichkeit. (Wie sie, um nur ein Beispiel zu nennen, im Zusammenhang mit phänomenologischen Reflexionen der Konstitution des Phantoms [Raumkörper] oder der Kinästhesie möglich wäre; man könnte etwa sagen, daß dem »erlebten Raum« die Beschreibung der kinästhetischen Konstitution des Lokals durch eine Person entspricht.) Demgegenüber werden PETSCHS Begriffe vorverständlich durch den metaphysischen *Überbau* bestimmt, der sich in der nach oben geöffneten Linie der Pyramide darstellen

läßt; er signalisiert den Integrationsbegriff, der eine *Deckung* von realen und metaphysischen Wirklichkeiten durch eine permanente symbolische Sinngebung anstrebt.
Statt einer Theorie des Erzählens liefert also PETSCH eine Poetik der Stilebenen. In erster Linie expliziert er dabei Normformen für die literarische Wertung und stellt damit die Axiologie des Literaturkritikers als Bedingungen der literarischen Theorie dar, bezeichnenderweise unter Berufung auf einen von LESSING geprägten Begriff, denn er wendet den Begriff der ›Zeitkunst‹ in der gleichen Polemik (diese Polemik ist bei LESSING keine explizite, sondern ein methodisches Prinzip) gegen angeblich *untergeordnete* Darstellungsformen an wie LESSING in seiner Auseinandersetzung mit der ›descriptive poetry‹. In einem *typologischen* Begriffssystem zum jeweils dargestellten Umwelthorizont erstellt PETSCH ein Wertungssystem der ›natürlichen‹ Integration, d. h. er verläßt die theoretische Neutralität, die einem künstlerischen qua künstlichen Prinzip Integration angemessen wäre. Der eigentlich epische Raum ist ihm ein metaphysischer Sinnraum, ›Lokal‹ und ›Milieu‹ werden vorverständlich als die weniger mit der epischen Zeit verbundenen Elemente ›abwertend‹ eingestuft.
Prinzipiell ist anzumerken, daß die Begriffe ›Raum‹, ›Milieu‹, ›Lokal‹, so benutzt, nicht erzähltheoretisch *definiert* sind, sondern hermeneutisch *nutzbar* gemacht werden. Was PETSCH sagt, ist eine manipulative Aussageverschiebung von an sich sinnvollen Bestimmungen zu Bevorzugungssätzen einer vorverständlich fixierten Meinung. Im Zusammenhang mit einem wissenschaftlichen Verständnis der Raum-Zeit-Korrelation ist es zwar eine angemessene Ausgangsreflexion, den ›epischen Raum‹ in bezug zu Handlung und Vorgang zu setzen; die Aussageform jedoch, der Raum habe für sich selbst kein »Daseinsrecht«, macht aus der theoretischen Bestimmung von Phänomenen außerliterarischer Relevanz eine erzähltheoretische Bestimmung, die gemäß einer klassischen Tradition die ›Beschreibung‹ als Darstellung sogenannter ›statischer‹ Sachen nicht *eigentlich* episch nennt.
Man könnte sinnvoller zwischen einem erkenntnistheoretisch zu bestimmenden und einem erzähltheoretisch-strukturellen Integrationsprinzip unterscheiden. Wenn sich der ›absolute Raum‹ bei PETSCH als natürlich integriert darstellt, so heißt das nicht mehr, als daß der sich während der Rezeption entwickelte Horizont (z. B. der dargestellten Personen) nicht als *lokalisierte* und *individuierte*

Lokalität, sondern als imaginierte Ganzheit des Erlebens eines nicht-kritisch ausgerichteten Lesers fungiert. Ihn der hohen Erzählkunst einseitig zuzuordnen heißt, aus einem Prinzip der Ganzheitskonstitution während des Lesens eine literarische Wertung abzuleiten, in der die Tatsache selbst in ihrem theoretischen Wert negiert wird (das beschriebene Phänomen eignet jeder Rezeption literarischer Darstellung, wenn ein ›privater‹ von einem ›wissenschaftlichen‹ Leser getrennt wird, und ist demnach als Integrationsprinzip für alle Formen des Erzählens anzunehmen). Nur würde man etwa von dem Sinnhorizont einer wissenschaftlichen Arbeit nicht als ›Atmosphäre‹ sprechen; das Phänomen des verstehenden Nachvollzuges des ganzheitlichen Zusammenhangs ist trotzdem ähnlich. Außerdem ist es Bedingung der Möglichkeit des ›epischen‹ Raumerlebnisses, daß Raum*bilder* vorhanden sind, die vom Leser als auch in seiner realen Umwelt individuierte erkannt werden können; dabei ist vielleicht zu bedenken, daß dies nicht nur in dem Sinne lokale Maßstäbe sind, wie sie durch direkte Maßangaben vorgestellt werden, sondern daß auch Einheitsbegriffe die gleiche Funktion haben (so z. B. ein Begriff ›Haus‹, der im Rezipienten eine dem vorgestellten Gegenstand angemessene und damit irgendwie maßstabgerechte Vorstellung eines solchen Raumkörpers hervorruft).

Sollen Formen der Integration unterschieden werden, ist es sinnvoller, zwischen (natürlich) systemkonformen und (künstlich) systemabweichenden Strukturen zu unterscheiden, auch im Sinn von ›natürlich‹-angemessenen und ›artifiziell‹-angemessenen Variationen der Wirklichkeitsstruktur. Das gilt prinzipiell für *alle* Elemente des Erzählens, jeder ›Stoff‹ kann natürlich-angemessen oder artifiziell-angemessen integriert worden sein, wenn man voraussetzt, daß Integration ein immer künstliches Prinzip der Verbindung von einzelnen Strukturen zu einer Sinneinheit ist. Das allerdings setzt eine Auffassung des zu analysierenden literarischen Gegenstandes als *Komposition* aus *Sprachelementen zu einem System* voraus, dessen Regeln als Systemregeln zu analysieren sind. Dann kann parallel etwa zu Bestimmungen der Logik festgestellt werden, wann das Systemprinzip natürlich integrierend ist, z. B. in bezug auf die Zeitfolge (die Barockpoetik unterscheidet in diesem Zusammenhang einen ordo naturalis und einen ordo artificialis, parallel zur ›objektiven‹ Zeitfolge und dem subjektiven Zeiterlebnis), und wann es nach Transformationsprinzipien ein dann wohl in bezug zur *Geschehensreihe* ›künstliches‹, aber doch ein dem *Systemplan angemessenes* Prinzip verfolgt.

Möglich ist es auch, in der historischen Begrifflichkeit von einer Form der ›rationalen Integration‹ zu sprechen. Unter diesen Begriff lassen sich vorrangig die Reflexionen der frühen Poetik fassen. So ist folgende Aussage Bodmers in diesem Sinne Bestimmung eines logischen Systemprinzips: »Episch heißt demmach soviel als poetisch-wahr, und poetisch-historisch.« (Critische Abhandlung von dem Wunderbaren, S. 41) Während der Konstituierung eines Literaturbegriffs für die Belletristik stehen im Barock aufgrund der notwendigen Abgrenzung sowohl von anderen Literatur- (Geschichtsschreibung) und Kunstbegriffen (Malerei) als auch von Wirklichkeitsbegriffen die relationsontologischen Bestimmungen im Vordergrund. Dabei wird einerseits die artifizielle Behandlung von raum-zeitlichen Relationen durch die Kunstliteratur emanzipatorisch gegenüber Geschichtsschreibung und Malerei aufgewertet, andererseits wird auch von der Darstellung »möglicher Welten« (Bodmer und Breitinger) die Integration in ein rationales, d. h. in einem *gewissen* Maße intersubjektiv erfahrbares Weltbild gefordert.

Daß Petsch zu allzu einseitigen Bestimmungen kommt, ist unter anderem zusammen mit dem Traditionsprozeß des Lessingschen »Laokoon« zu sehen. Lessing hat mit seiner scheinbar einfachen Bestimmung, »die Zeitfolge ist das Gebiete des Dichters«, den Maßbegriff für solche Bevorzugungssysteme einer *puristischen Wertästhetik* gesetzt, die vorverständlich propagierte *Gattungsprobleme* und nicht die Probleme der Kunstwirklichkeit reflektiert. (Einschränkend ist allerdings zu sagen, daß Lessing selbst seine puristischen Postulate zum Teil zurücknimmt, daß erst die literaturwissenschaftliche Adaption seiner Theorie zur Tradierung nur der uneingeschränkten Behauptungen führte. So ist z. B. eine Aussage wie die, der Bericht sei urepische Form, die sich bei Petsch und Lämmert explizit findet, bei Meyer implizit zugrunde liegt, eine nichtssagende Schlußfolgerung aus solchen Bestimmungen, wie sie Lessing traf.) Andererseits ist bei Petsch durch den Begriff von ›seelischer Integration‹, bei anderen Autoren durch andere Bestimmungen, die rein *immanente* Erzähler-Erzähltes-Struktur erweitert. Da sich aber feststellen läßt, daß dieses keineswegs zu einer *Analyse* der Beziehungen führt, bleibt die Antithetik, deren einfache *Harmonisierung* offenbar die Ambivalenz der Aussagen verursacht. Wir haben versucht, dafür eine Ursache in der Geschichte des Themas zu finden; es ist vielleicht die *gleichzeitige* Tradierung von zwei *ungleichen* Traditionsrichtungen. Außer der *puristischen*

66 Kritik der ›Erzähltheorie‹

Meinungsbildung im Zusammenhang mit dem Laokoon gibt es die *universalästhetische* und *erkenntnistheoretische* Erweiterung der LESSINGschen Bestimmungen, vor allem durch WINCKELMANN und HERDER. Die weitgehende Verdrängung einer sozusagen ›dynamischen‹ Literaturbestimmung kann die Bevorzugung anderer Meditationsstufen verdeutlichen. Um die beiden jeweils unterschiedlichen Positionen in einen bekannten Umkreis zu stellen, ordnen wir sie den Entwicklungen der sprachwissenschaftlichen Diskussion zu: Da ist einerseits die formal-strukturelle *Sukzessions-* und *Tönetheorie* und andererseits die *Energietheorie* (die Position HUMBOLDTs ist bekannt, Definitionen, die an LESSINGS Bestimmungen erinnern, finden sich z. B. bei G. M. ROTH: Antihermes). Neben LESSING könnte man beispielhaft HERDER als Vertreter der anderen Positionen nennen, um die Meinungen anzudeuten, die in der neueren Erzähltheorie zu Harmonisierungsversuchen führen.

LESSING schließt direkt von der zeitlichen Konstitution der ›Erzählung‹ auf die stoffliche Dimension dessen, was angemessen darstellbar ist und was nicht (wobei wir an dieser Stelle die Relativierungen darauf, daß es sich um Bestimmungen handelt, die ästhetisch wirksamere von unwirksameren Formen des Erzählens im Sinne rezeptionstheoretischer Abstufungen unterscheiden, außer acht lassen). Das führt zu einer Abblendung solcher Elemente, die die Sukzession nicht eigentlich fördern, wie es nach LESSING die Beschreibung von Gegenständen als koexistierenden Raumgebilden ist. *Puristisch* ist dieses Verfahren zu nennen wegen der einfachen Identifizierung von Bestimmungen zur sukzessiven Konstitution des Erzählens mit solchen zum rechtmäßigen Gebrauch von Gegenständen der Darstellung, auch wegen der konkreten Auseinandersetzung mit den *universalästhetischen* Bestimmungen WINCKELMANNS, die den Hintergrund bildet.

HERDER stellt LESSING eine quasi ›dynamische‹ Sprach- und Literaturtheorie gegenüber. Interessant ist, daß er sich auf die Ästhetik im alten Wortsinn beruft.

[...] wie in der Metaphysik *Raum, Zeit* und *Kraft* drei Grundbegriffe sind, wie die Mathematischen Wissenschaften sich alle auf einen dieser Begriffe zurückführen lassen; so wollen wir auch in der Theorie der schönen Wissenschaften und Künste sagen: die Künste, die *Werke* liefern, wirken im Raume; die Künste, die durch Energie wirken, in der Zeitfolge; die schönen Wissenschaften oder vielmehr die einzige schöne Wissenschaft, die Poesie, wirkt durch *Kraft*. (HERDER, Kritische Wälder, Werke, SUPHAN, Bd. 3, S. 137)

Ähnliches kann man bei PETSCH ausgedrückt sehen. »Mit und in dem Vorgang der seelischen »Integration« erleben wir die Natur mit ihrer stetigen »Verwandlung« in dichterisches Erlebnis.« (S. 89)
Da es uns an dieser Stelle nur mittelbar um die historischen Voraussetzungen geht, können folgende Äußerungen HERDERS als indirekte Charakteristik der unterschiedlichen Ansätze genommen werden:

Die artikulirten Töne haben in der Poesie nicht eben dasselbe Verhältniß zu ihrem Bezeichneten, was in der Malerei Figuren und Farben zu dem Ihrigen haben.
[...]
Die Zeichen der Malerei sind *natürlich*: die Verbindung der Zeichen mit der bezeichneten Sache ist in den Eigenschaften des Bezeichneten selbst gegründet. Die Zeichen der Poesie sind *willkuhrlich:* die artikulirten Töne haben mit der Sache nichts gemein, die sie ausdrücken sollen; sondern sind nur durch eine allgemeine Convention für Zeichen *angenommen*. Ihre Natur ist also sich völlig ungleich und das Tertium comparationis schwindet. (S. 135)

Was in diesem Zusammenhang an der Arbeit von PETSCH zu zeigen war, gilt ähnlich für die Arbeiten von LÄMMERT und MEYER: Es fiel ein methodisches Prinzip auf, unterschiedliche Ansätze ohne entsprechende grundsätzliche Zuordnung miteinander zu verbinden. Würde man annehmen, diese Harmonisierungstheorien seien sich ihrer Entstehung aus verschiedenen, relativ antithetischen Bereichen nicht bewußt, bliebe trotzdem zu kritisieren, daß die Widersprüchlichkeit der eigenen Bestimmungen offenbar nicht als Problem gesehen wird. Auffallend ist die Tendenz, *verschiedene* Ansätze und damit auch *Einwände* so zu *harmonisieren,* daß eine *einseitige* Charakteristik des literarischen Erzählens möglich wird, und zwar die eines zirkular, nur gebilde-immanent zu bestimmenden Strukturprinzips, das insgesamt formalistisch zu nennen ist. Alle Ansätze, um zu einer möglicherweise sinnvollen Theorie der Relationen direkt erfahrbarer und als Darstellung erfahrbarer Wirklichkeit zu kommen, werden vorverständlich ausgeschlossen im Anschluß an eine pauschale Gegenüberstellung sog. ›Zeitkunst‹ und sog. ›Raumkunst‹. Insgesamt läßt sich dieses auf die Behauptung der absoluten Autonomie der ästhetischen Wirklichkeit zurückführen. Die Verbindung beider ›Theorien‹ führt zwar zu einer gewissen Relativierung der Auffassung vom Organismuskunstwerk, die Beziehung zur außerliterarischen Wirklichkeit bleibt aber ausgeschlossen. Allerdings gibt es Nuancen: So bezieht H. MEYER selbstverständlich das Dreieck Erzähler – Erzähltes – Leser ein, aufgrund der Ausführungen zeigt sich dann aber, daß damit weniger ein Bezug zur ästhetischen Wirklichkeit allgemein hergestellt wird, es vorrangig nur um den Anteil des Lesers an der Konstitution der *autonomen* Kunstwirklichkeit geht.

2.2.2 Herman Meyer: Zum Problem der epischen Integration (zit. nach Trivium VIII)

H. MEYERS System kann wie das von R. PETSCH als Modell der grundsätzlichen meinungsbildenden Position zu Problemen des Erzählens angesehen werden, es ist wie das von PETSCH *Beschreibung* eines Idealtyps, wie ihn Werke der sog. hohen Erzählkunst vorstellen. Allerdings liegt bei ihm der Begriff der Integration wirklich ein Stockwerk tiefer als bei PETSCH. Auch MEYER bestimmt das Wesen des Erzählens von der Zeitstruktur her. Konsequenter als PETSCH unterscheidet er einen Strukturbegriff höherer Ordnung, den der Zeitstruktur, und die Strukturierung der Erzählung durch die einzelnen Elemente. Aber auch sein Integrationsbegriff beschreibt ein *idealtypisches* Konstruktionsprinzip in bezug auf den Einbau »disparater Elemente« in die Zeitstruktur.

Einleitend unterscheidet MEYER den Integrationsbegriff des »gemachten« Kunstwerks von einem Organismusbegriff, wie ihn GOETHE im Zusammenhang mit dem Kunstwerk gebraucht. Zweifellos läßt sich hier der Einfluß des Strukturalismus erkennen, ebenso der der Diskussion von Systemgebilden im Unterschied zu Organgebilden; allerdings geht der Einfluß nicht weiter als bis zur einleitenden Bestimmung des Kunstwerks als Integrationskontinuum. Im weiteren wird diese Bestimmung in einer ambivalenten Unentschiedenheit zwischen beiden Positionen (zuzuordnen den Begriffen Organismus bzw. Integration) aufgehoben. Ähnlich wie PETSCH grenzt MEYER verschiedene Stoffteile (»Strukturelemente« [!]) nach ihrem mehr oder weniger »innigen« Verhältnis zur Zeitstruktur voneinander ab. Damit unterscheidet er realiter Stoffteile, die mit dem Geschehen *organisch,* und solche, die *integral* verbunden sind, stellt also ähnlich *ambivalente Integrationsbegriffe* auf wie PETSCH. (Im Unterschied dazu kann die Arbeit von WERNER HAHL: »Reflexion und Erzählung«, angeführt werden, in der historische Integrationsprinzipien *konstatiert,* als dominant angewandte *Möglichkeiten* der Systembildung verstanden werden.)

Die Widersprüche bei MEYER lassen sich möglicherweise damit erklären, daß er eine *Synthese* von Systemtheorie einerseits und Kunstwelt-Autonomie-These andererseits versucht.

Die Ambivalenz zwischen Organismus- und Systemtheorie entsteht, weil Leerstellen des künstlerischen Systems (das ja kein axiomatisch-deduktives System ist) von MEYER nur durch die Unterscheidung zwischen doch organischen und weniger organisch verbundenen Formelementen erklärt werden können. (Man muß in diesem Zusammenhang an INGARDENs Begriff von den »Unbestimmtheitsstellen« des literarischen Beschreibens denken; wollte man etwa die Raum-Zeit-Konstitution so einheitlich verfolgen, wie die Handlungskonstitution durch Zusammenfassung in einen plot, so ergäben sich nicht mit der gleichen Notwendigkeit einzelne sozusagen logische Schritte, das ist jedoch ein nicht allein mit werkinternen Funktionen zu erklärendes Phänomen). MEYER hat zweifellos versucht, diese Widersprüche zu lösen, wir müssen jedoch noch einmal darauf hinweisen, daß die Analyse einzelner Arbeiten mittelbar Prinzipien der *klassischen* Theoriebildung charakterisieren soll.

Dafür ein anderes Beispiel: Zunächst sind folgende Bestimmungen MEYERS nur als diffuse Beschreibung an sich prinzipiell sinnvoller Ansätze zu sehen.

Das innigste Verhältnis weisen wohl jene Stoffteile auf, die schon als Rohstoff Geschehen enthalten, das sich in der Zeit abspielt. Sie haben von Haus aus den epischen Aggregatzustand, wodurch es keiner ausdrücklichen Umsetzung ins Epische bedarf. Die Mitte der Skala dürfte die Welt der ruhenden Gegenstände innehaben. Sie sind im allgemeinen nicht dem epischen Geschehen und in diesem Sinne nicht dem Zeitverlauf unterworfen, aber stehen doch nicht völlig außerhalb desselben. Wie der vom Strom umspülte Felsen gerade dessen Strömen sichtbarer und fühlbarer macht, so fällt dem ruhenden Gegenstand im epischen Werk die Aufgabe zu, dem Geschehen greifbarere Wirklichkeit zu verleihen. (S. 302)

Sinnvoll ließe sich formulieren: Geschehen spielt sich ab in Raum und Zeit. Solche Systeme, in denen das als Stoff dargestellte Geschehen keine logische Beziehung zu Raum und Zeit hat, sind dann als unlogisch zu bezeichnen, wenn mit ihnen nicht z. B. ein ›absurdes‹ Integrationsprinzip darzustellen geplant war. ›Geschehen‹ und ›ruhender Gegenstand‹ enthalten *prinzipiell* die gleichen Voraussetzungen in bezug auf die Systemlogik; relativierend läßt sich lediglich sagen, daß nach den *traditionell* üblichen Integrationsprinzipien die Elementstellen ›Handlung‹ den Elementstellen ›Beschreibung‹ gegenüber *prävalieren*. Andererseits könnte z. B. für Reiseliteratur ein anderes Integrationsprinzip angenommen werden. Wie bereits gezeigt wurde, bietet der Integrationsbegriff an sich eine Basis, mögliche Systemprinzipien theoretisch zu bestimmen, allerdings erfordert das den Ausschluß der literatur*kritischen Axiologie*. So könnte man etwa Formen eines weiteren ›Desintegrationsprinzips‹, das als Systemprinzip sinnvoll möglich wäre, konstruieren, als Grenzfall etwa eine getrennte Darstellung von Aktions- und Beschreibungsgegenstand. Ein solches Verfahren der zweiteiligen Auflösung von Aktionshandlung bzw. Handlungserzählung einerseits und *Beschreibungs-* oder auch *Reflexions*erzählung andererseits (wobei wir nur von einem konstruierten Systemprinzip sprechen, die Bedingungen der ›ästhetischen Wirklichkeit‹ blieben auch dabei relativ gleich) ließe den Abbau einiger literaturwissenschaftlicher Vorurteile erwarten; egal, ob sich zeigte, daß dadurch die Konstitution des gesamten Stützungszusammenhangs einfacher oder schwieriger wäre, die Unterscheidung von urepischen und nicht eigentlich epischen Mitteln würde in jedem Fall in den Bereich der normierenden Gattungspoetik verwiesen.

Folgende Graphik schematisiert die Problematik eines Integrationsbegriffs, der die literarische ›Ganzheit‹ durch den ›naturhaften Organismus‹-Gedanken zu einem substantiellen Idealtyp metaphysiert, und deutet gleichzeitig die Funktion von grenzfälligen Konstrukttypen demgegenüber an.

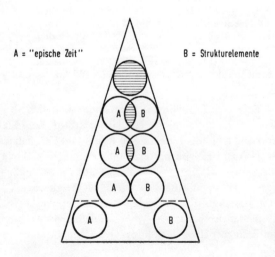

Die Deckungsgleichheit in der Spitze der Pyramide stellt den Idealtyp der reinen epischen Form, einen Absoluttyp reiner Handlungserzählung dar; er wird natürlich so von MEYER nicht postuliert, uns geht es nur darum zu zeigen, welche *Konsequenzen* die Anwendung gewisser Bestimmungen hätte, wollte man sie als Systemtyp konstruieren. Entsprechend können die graduell absteigenden Ähnlichkeitsmodelle für das MEYERsche Verfahren Integrations*wertungen* bezeichnen – vorurteilslos: Systemprinzipien der Komposition –, und zwar zwischen einem Konstrukt absoluter Identität und einem absoluter Verschiedenheit. Dem positiven Idealtypus eines höchsten Integrationsgrades müßte also die theoretisch denkbare Negativform des geringsten Integrationsgrades gegenübergestellt werden. Der idealtypische Integrationsbegriff stellt eigentlich das Systemprinzip scheinbar organischer Ganzheit vor. Die absolute Integration von Erzählelementen in einen epischen Wirkzusammenhang postuliert ein als organisch vorgestelltes Gebildeprinzip. Demgegenüber muß eine theoretische Analyse variable Systemprinzipien zwischen einem positiven und einem negativen absoluten Konstrukt (Grenzfall) als Möglichkeiten der literarisch-künstlerischen Komposition konstatieren. Wenn die epische Zeit bestimmt ist als »erzählte Zeit« *und* »Erzählzeit«, in diesem Sinne ja auch als Relation von Inhalt und Form, als Relation von Elementstellen überhaupt, dann *ist* zunächst alles in die epische Zeit integriert, was erzählt wird, denn es ist ja integriert *worden;* die sogenannte Zeitlosigkeit der ›Reflexion‹ und die sogenannte Raumlosigkeit der ›Beschreibung‹ haben mit der solcherart bestimmten epischen Zeit nichts zu tun, d. h. sie sind nicht von daher als problematisch oder nicht-problematisch zu bestimmen, denn in diesem naivrealistischen Sinne sind auch die literarische Handlung und die sie tragenden Personen zeitlos und raumlos. Es gilt wiederum nur, Prinzipien der Darstellung im Zusammenhang mit den Phänomenen des raum-zeitlichen Bewußtseins zu konstatieren.

Wenn *belletristische* Literatur theoretisch analysiert wird, ist die Besonderheit des Systemprinzips von Kunstliteratur im besonderen bewußt zu halten; daß es nicht wie Wissenschaftsliteratur etwa auf die deduktive Beziehung ausgerichtet sein *muß* (auch das klingt im organischen Ganzheitsbegriff an), sondern auch experimentelle Systemprinzipien variieren kann. Transformationsprinzipien gelten auch für die textliche Makrostruktur.

2.2.3 Antithetik der Erzähltheorie als polemische Systemstruktur

An dieser Stelle soll am Beispiel eines einzelnen Wissenschaftsverständnisses gezeigt werden, was an anderer Stelle als polemische literaturwissenschaftliche Systemstruktur zur Erklärung des sogenannten Theorienpluralismus herangezogen wurde. Gemeint ist die Aufsatzsammlung »Zarte Empirie« von HERMAN MEYER, in der die Aussagen der vorher besprochenen Arbeit zur »epischen Integration« scheinbar durch erweiterte Forschungserkenntnisse relativiert werden. Wir kritisieren grundsätzlich, daß diese Einschränkungen nicht von MEYER selbst in einer Diskussion expliziert werden, sondern nur durch die Anordnung der einzelnen Aufsätze den Bearbeiter verunsichern, der sie etwa vorher in den entsprechenden Einzelpublikationen als Eigensysteme kennengelernt und analysiert hatte. In der Vorziehung des Aufsatzes »Von der Freiheit des Erzählers«, dessen Entstehungszeit nach der bereits besprochenen Arbeit zur epischen Integration liegt (1957 als Vortrag, 1962 Erstdruck, gegenüber Erstdruck 1950), kann man einen Relativierungsversuch sehen, da keine Auseinandersetzung mit den sich widersprechenden Thesen der beiden Aufsätze erfolgt. Zunächst sagt MEYER: »Die schöpferische Freiheit des Erzählers und die Autarkie der Erzählung gehören unlöslich zusammen, [...]«. (S. 6)
Auf den ersten Blick glaubt man damit eine solche Toleranz gegenüber den Möglichkeiten der Realisation von Literatur ausgesprochen, die wir aufgrund der Absage an den literaturwissenschaftlichen Voluntarismus als Voraussetzung für die Relevanz theoretischer Aussagen überhaupt annehmen. Dagegen handelt es sich um nicht mehr als die Antwort auf Einwände sog. ›liberaler‹ Literaturauffassungen, um eine solche Konsequenz also, wie sie aus der traditionellen Geniediskussion bekannt ist. Zwar wird ›epische Integration‹ jetzt als technisches Prinzip verstanden: Die Freiheit der Wahl des Vorentwurfes der Struktur, die Freiheit »im Übergang von der Potentialität zur Aktualität« eines literarischen Werkes wird als Freiheit des Erzählers anerkannt (eine übrigens selbst so formuliert ziemlich vereinfachende Stellungnahme zum Verhältnis von Literatur und Wissenschaft). Das aber kann nicht mehr sein als *verbale* Vorsicht, wenn im folgenden wiederum die Grenze der Freiheit durch die Forderung nach Integration des Gewählten in eine »heile« literarische Struktur – die bezeichnenderweise »integral« genannt wird – voluntaristisch gesetzt wird.

Frei im wählenden Vorentwurf der Struktur, frei also im Übergang von der Potentialität zur Aktualität des Werkes, bindet er sich durch seine Wahl an das Gewählte und an die immanente Forderung, daß die zu schaffende Struktur heil (integral) sei. (S. 7)

Die Forderung nach einer »heilen« Struktur ist jedoch nur bedingte Forderung eines klassisch-heilen Wertbegriffs. Zur Theorie des Erzählens gehört im gleichen Maße die Theorie der ›unheilen‹ literarischen Formen. Es geht nicht darum, die literarische Wertung auszuschließen. Im übrigen kann aber auch die literarische Wertung nicht ausschließlich von *traditionell bestimmten Wertbegriffen* als *Absoluta* ausgehen, sondern muß sie parallel zur theoretisch-spekulativen und empirischen Formenbestimmung in einer angemessenen Systemkritik von klassischen und modernen Wissenschafts- und Objektbestimmungen als Regulative definieren, die historisch bedingt und damit variabel sind. Einen Ansatz, der offenbar auf die kritische Hermeneutik-Diskussion zurückgeht, zeigt Mecklenburgs »Kritisches Interpretieren«. Auch Ros spricht von Literaturkritik als Ersatz der wertenden Interpretation; allerdings scheint hier nicht deutlich gemacht zu werden, daß Literaturkritik dann Kritik von traditionellen ›theoretischen‹ wissenschaftlichen Aussagen sein müßte (wie die Kritik des Klassikbegriffs durch die kritische Analyse sogenannter klassischer Literatur zu erfolgen hätte).

Es ist literaturwissenschaftlicher *Dogmatismus,* traditionelle und in gewissem Sinne als überholt erfahrene Meinungen *systemgefügig* zu machen, indem *die Einwände neuer Erfahrung durch kulturgeschichtliche Reminiszenzen eliminiert werden.* Eine Freiheit des Erzählers, die gefällig zu sein hat, und zwar gefällig einer vorgefaßten Meinung von *heiler* Literatur, signalisiert lediglich das Verständnis einer vorurteilenden Literaturkritik. Das Begehren einer heilen Literaturwelt behandelt das Problem von Kongruenz bzw. Inkongruenz zwischen literarischem und literaturwissenschaftlichem Verhalten ohne jede Relevanz für sowohl die literarische Kritik als auch die literarische Theorie. Über die theoretischen Einwände muß an dieser Stelle nicht mehr gesprochen werden; wertproblematisch wäre zu fragen, ob nicht eine scheinbar heillose Literaturform in einem weiteren, nämlich anderen Umkreis von Kallistik heil genannt werden kann, wenn man Formen der Neuordnung, die zunächst als chaotisch erscheinen, in ein als möglich vorgestelltes Formensystem integriert. An dieser Stelle sei noch einmal auf die Zuordnung von regressiver und progressiver Literaturkritik verwiesen.

Plane *Herablassung* des Literaturwissenschaftlers gegenüber den schöpferischen Intentionen des Literaten zeigt, daß im Grunde die Auffassung einer *normativen* Poetik tradiert wird, die einer theoretischen Reflexion nicht fähig ist, sondern Poetologie betreibt als *Geschmacksbildung,* über die sich nur *deshalb* nicht streiten läßt, weil ihre vorverständlichen Regeln nicht dargelegt werden. Statt der spekulativ-theoretischen Konstitution möglicher Objekt- und Wertbegriffe bestimmt ein Prinzip quasi signifikanter Erfahrung darüber, ob und wann als neu erfahrene Formen anzuerkennen sind. Die »primordial freie Initiative des Erzählers« (S. 8) ist offenbar nur durch die Urheberschaft bestimmt; von der Publikation an gelten die Dogmen des Literaturwissenschaftlers, ohne Reflexion weder der Kompetenz noch der Angemessenheit.

Wenn ein Roman in einer theoretischen Analyse als System mit bestimmten Systemeigenschaften genommen wird, kann es keine Frage sein, ob empirisch erfahrbare Prinzipien des Aufbaus, die MEYER durch den Begriff der ›Integration‹ auch als Systemprinzipien kennzeichnet, neue Formen der Integration spiegeln – sie tun es ohne Zweifel; die Frage, ob sie *wertvoll* sind oder nicht, ist eine davon zu trennende. Der »modernistische Snobismus« (S. 11) wird über eine theoretische Analyse zu dem Schluß kommen, daß Auflösung, Desintegration usw. *Formen* des Romans sein können, sobald sie theoretisch positiv *formuliert* sind. Soll der Begriff Integration überhaupt einen Sinn haben, so kann es nur der sein, ein Systemgefüge in seinen konstruktiven Eigenschaften wertfrei einsichtig zu machen. Dann sind nebeneinanderordnende oder nach neuen Prinzipien unterordnende Integrationsformen nicht mit dem Begriff der Desintegration zu fassen. Wenn festgestellt ist, daß *Integration* Bedingung der Möglichkeit zur Konstitution literarischer Gebilde ist, im Gegensatz zu *Wachstum,* ist das der einzig adäquate Schluß.

Hiermit sollte dargelegt werden, daß die scheinbar unauflöslichen Antinomien der Erzähltheorie, der (formal zu systematisierende) Theorienpluralismus, auf systemlogische Widersprüche zurückzuführen sind.

2.2.4 Eberhard Lämmert: Bauformen des Erzählens

LÄMMERTS Arbeit braucht nicht mehr in der bisherigen Ausführlichkeit diskutiert zu werden. Insgesamt läßt sich ebenfalls eine Tendenz zur ausschließlich systemzirkularen Strukturanalyse feststellen, zum Teil gerechtfertigt durch das Ziel, »Bauformen« des Erzählens zu konstatieren. LÄMMERT entwickelt seine prinzipiellen Bestimmungen im Zusammenhang mit GÜNTHER MÜLLERs Begriffen von ›Erzählzeit‹ und ›erzählter Zeit‹. Solange solche Prinzipien der Variation der Zeitstruktur als Bauformen dargestellt, solange interne Systemformen *beschrieben* werden, entwickelt LÄMMERT eine sinnvolle Anleitung zur strukturellen Interpretation einzelner Texte. Aber auch hier ist die Behauptung der nur formalen Strukturierung durch ein rein künstliches Prinzip der raum-zeitlichen Dimension enthalten. Der funktionale Bezug zur außerliterarischen Wirklichkeit wird ausgeschlossen.

Es macht geradezu das Wesen des Dichterischen aus, daß alle benutzten Realien ihres transliterarischen Bezugssystems entkleidet werden und innerhalb der fiktiven Wirklichkeit der Dichtung neuen Stellenwert und eine neue, begrenzte Funktion erhalten. (S. 27)

Dem ist entgegenzuhalten, daß diese neue Funktion, wenn sie nicht nur eine systemimmanente Funktion im Aufbauprinzip sein soll, gerade nur im Zusammenhang mit dem transliterarischen Bezugssystem konstruiert werden kann. LÄMMERTS Funktionsbegriff ist demnach nur Gegenbegriff zu einer Substanzontologie, wie sie sich etwa bei PETSCH ausdrückt; er impliziert noch nicht die Verbindung von struktureller und funktionaler Analyse, von Aufbau- und Informationsfunktion gleichzeitig. Durch Begriffe wie »Verweisungscharakter«, »Ergänzungs-Verwertungsprozeß« deutet sich zwar bei LÄMMERT das Problem auch der »historischen Integration« an, bleibt aber in den klassischen Sinnbereichen ›Symbol‹ und ›Bedeutung‹. LÄMMERT bezeichnet damit lediglich den subjektiven Interpretationsprozeß, der aufgrund der »intermodalen Präsens« von Literatur einerseits einen hermeneutischen Torso vorstellt, andererseits eine sich überhistorisch entwickelnde Ganzheit. Der Begriff der historischen Integration von Literatur meint also bei LÄMMERT die Integration von Literatur in einen jeweils neuen historischen Umkreis, nicht ein strukturell wirksames Integrationsprinzip, das durch funktionale Bezüge zur außerliterarischen Wirklichkeit zur Ganzheitsbildung beiträgt.

Die historische Entwicklung und die Implikationen solcher Theorien, die die Beschreibungsfunktion von Literatur weitgehend ausschalten, sind nicht eindeutig darzulegen. Die Entwicklung solcher literaturwissenschaftlicher Positionen kann jedoch als Prozeß einer Abblendung anderer theoretischer Bestimmungen schon im Zusammenhang mit der Tradierung der Fachgeschichte angesehen werden. Pauschal läßt sich sagen, daß die Geschichte der Poetik in keiner Phase eindeutige Stellungnahme für eine autonome literarische Wirklichkeit einerseits und gegen eine realbezogene Funktionentheorie andererseits ist.

Wir können in unserem Arbeitszusammenhang dazu nur Hinweise geben. So ist die Barockpoetik zwar einerseits *metaphysische* Mimesistheorie (Mimesis als Nachahmung des Prinzips Schöpfung), andererseits aber auch Funktionentheorie, wenn auch auf der vorgeschichtlichen Diskussionsstufe des res-verba-Problems. Ähnlich diskutieren BODMER und BREITINGER *zwei* »Arten der Nachahmung«, die der real individuierten Wirklichkeit und die der metaphysischen Qualitäten von Wirklichkeit. Dementsprechend finden sich Bestimmungen, die zunächst scheinbar eine strukturelle Ganzheitstheorie liefern, durch Nachsätze in einen anderen Zusammenhang gebracht werden, dem der psychologischen Relationenästhetik. »Man muß nemlich Sorge tragen, daß die Theile in einem geschickten Ebenmasse neben einander stehen, und sich ein Stück auf das andere, alle aber auf das Gantze in einem ordentlichen Verhältniß beziehen. Also fällt das Grosse, das wir in einem glatten Himmel wahrgenommen haben, grossentheils weg, wenn er mit Abendwolken überzogen wird. Das Schöne kömmt dann in seinen Platz.« (BODMER: Poetische Gemählde..., S. 220) Auch die Formaldiskussion der Klassik läßt sich nicht eindeutig auf eine Position festlegen, siehe SCHILLER: »Über die ästhetische Erziehung des Menschen«, 22. Brief und dagegen »Über die notwendigen Grenzen beim Gebrauch schöner Formen«. »[...] daß er den Stoff durch die Form vertilgt; [...].« »Dem Geschmack ist [...] die Form anvertraut, [...] Bedingung, daß er sich nicht an dem Inhalt vergreife.« (Ausgabe Cotta 1857, Bd. 12, S. 89 bzw. S. 146)

Demnach kann in diesem Zusammenhang von einer *puristischen Adaption auch der Fachgeschichte* gesprochen werden. Das wird sich im Zusammenhang mit der Besprechung von LESSINGS Theorie einsichtiger machen lassen. An dieser Stelle geht es nur darum zu zeigen, daß die *Tradierung* solcher Thesen auf der verhältnismäßig vereinfachenden und *einfachen theoretischen Disposition* beruht.

Zweifellos ist die Tendenz, Weltbilder durch Literaturbilder zu metaphysieren, in der neuesten Entwicklung – etwa durch literatursoziologische Bestimmungen und die Auseinandersetzung mit der marxistischen Ästhetik – relativiert worden. Im Bereich der theoretischen Literaturbilder sind Relikte der voluntaristischen Deutung sachlicher Bezüge als Symptome eines klassischen Weltbildes parallel zum klassischen Wissenschaftsbegriff durchscheinend. Eine Bewußtmachung von kritischen Theorien ist parallel zur allgemeinen Wissenschaftsentwicklung in unserem Fachbereich kaum festzustellen. Wir sprachen bereits über solche Systeme aus dem naturwissenschaftlichen Umkreis; deren Relevanz für die Literaturwissenschaft wird allgemein zurückgewiesen, ihre eindeutige Übertragbarkeit wurde von uns weder gefordert noch behauptet. Es bleibt zu fragen, warum der gesamte Bereich der erkenntnis-rezeptionstheoretischen Diskussionen, die die Konstitution von ›Wirklichkeiten‹ so diskutieren, daß Entsprechungen zur Konstitution des wissenschaftlichen Literaturbildes ableitbar sind, weitgehend ausgeschlossen bleibt. Probleme der ›Weltanschauung‹, wie sie von KANT z. B. erkenntnistheoretisch kritisch expliziert wurden, von denen wir annehmen, daß sie gerade auch für die literaturwissenschaftliche Theorie *progressiv* genutzt werden könnten, bleiben ausgeschlossen. Sinnvolle Fragen in diesem Zusammenhang wären, wieweit sich der Begriff der ästhetischen ›Widerspiegelung‹ der Wirklichkeit auf der Basis erkenntnistheoretischer Reflexionen für eine funktionale Strukturanalyse nutzen ließe (Begriff der *relativen Fiktionalität* statt Begriff der *absoluten Fiktivität* für die literarisch-ästhetische Wirklichkeit); zu fragen ist auch, wieweit literaturwissenschaftliche Begriffe von der naturwissenschaftlichen Logik profitieren können (z. B. im Zusammenhang mit dem Erzählproblem, wenn Beschreibung und Erzählung im Zusammenhang mit der Problematik *komplementärer* Begriffe diskutiert werden). Eine entwicklungsgeschichtliche Erklärung des *strukturnegierenden* theoretischen *Purismus* bietet die voluntaristische Tradierung der Fachgeschichte, vor allem die mechanische Übernahme LESSINGscher Bestimmungen.

2.2.5 Der »Laokoon« in seiner polemischen Struktur. Kritik der Lessing-Tradition in der Literaturwissenschaft

Im folgenden soll LESSINGS »Laokoon« im Zusammenhang mit Bestimmungen analysiert werden, die nicht explizit in diesen eingegangen sind, aber wesentliche Erklärungen zur Intention LESSINGS und zur Anwendbarkeit seiner ›Theorie‹ geben (aus dem »Anhang zum Laokoon«). Die grundsätzliche Position wird durch eine Ablehnung des *universalästhetischen* Standpunkts, wie ihn etwa

78 Kritik der ›Erzähltheorie‹

WINCKELMANN in seinen Arbeiten zu Dichtung und Malerei vertritt, geprägt.

Ich behaupte, daß nur das die Bestimmung einer Kunst seyn kann, wozu sie einzig und allein geschickt ist, und nicht das, was andere Künste eben so gut, wo nicht beßer können als sie. (RILLA, Bd. 5, S. 327)

Mit der Freilegung dieses puristischen Konkurrenzstandpunktes muß die Interpretation des »Laokoon« sinngemäß beginnen (»Collectanea« unter dem Artikel »Laocoon«). Rückführbar ist er auch auf die Opposition gegen die ›Beschreibende Poesie‹ (THOMSON, GESSNER, HALLER u. a.) und die zeitgenössische Tendenz, die beschreibende Qualität von Dichtung überhaupt zu diskutieren. In gewisser Weise hatten nämlich BODMER und BREITINGER eine allgemeine Theorie der Dichtung als *beschreibender* dargelegt, indem sie ›Beschreibung‹ einerseits als Element der Dichtung definieren, andererseits aber auch als – man könnte parallel zur Rhetorik sagen – *modus narrationis* überhaupt (dazu an anderer Stelle mehr).

Ein Satz aus dem »Laokoon« hat im Zusammenhang mit den besprochenen Arbeiten zur Erzähltheorie eine zweifelhafte Bedeutung bekommen: »Es bleibt dabey: die Zeitfolge ist das Gebiete des Dichters, so wie der Raum das Gebiete des Mahlers.« (LACHMANN, Bd. 9, S. 107) Zweifelhaft ist seine Bedeutung zu nennen, weil er, so exponiert, sinnlos ist, da sowohl der immanente Bezug zu LESSINGS System als auch die Kritik der historischen Bedingtheit seiner Theorie fehlen. Im Rahmen dieses Themas interessiert seine Abhandlung von Kapitel XVI an, wo er beginnt, seine eigene Theorie den vorher besprochenen – in erster Linie allgemein-kunsttheoretischen Positionen – gegenüberzustellen. In drei Abschnitten wird ein Ableitungssystem entwickelt, das *eindeutig* logische Widersprüche enthält. Diese beruhen darauf, daß sich die entsprechenden Ausführungen in *drei* Bereichsphasen darstellen, denen jeweils *andere* wissenschaftliche Objekt in ihren *speziellen Bedingungen* zugeordnet werden können. Die sich so entwickelnde ›dialektische‹ Methode ist durchaus als rhetorischer Kunstgriff mit polemischen Absichten zu verstehen. Zu trennen sind drei, ihrem logischen und methodischen Vorgehen nach, unterschiedene Bereiche, nämlich: *Sprachwissenschaft, Literaturkritik* und *eigentliche Literaturtheorie.*

Der erste Schritt LESSINGS ist die Abgrenzung von Malerei und Dichtung durch die Bestimmung ihrer unterschiedlichen »Mittel«.

Die Mittel der Poesie werden sprachtheoretisch bestimmt, dann folgen verschiedene Ableitungsphasen:

1. Die Mittel der Poesie sind »artikulirte Töne in der Zeit«. (Die Mittel der Malerei sind demgegenüber »Figuren und Farben in dem Raume«.)
2. Die Zeichen haben »ein bequemes Verhältniß zu dem Bezeichneten«.
3. »So können neben einander geordnete Zeichen auch nur Gegenstände, die neben einander, oder deren Theile neben einander existiren, auf einander folgende Zeichen aber, auch nur Gegenstände ausdrücken, die auf einander, oder deren Theile auf einander folgen.« (LACHMANN, Bd. 9, S. 94)

In den sprachtheoretisch bedingten Überlegungen stehen naturgemäß die Bedingungen der Suzessivität von Sprache überhaupt im Vordergrund. Daß die Zeichen zu dem von ihnen Bezeichneten ein »bequemes« Verhältnis haben, mag als noch wertfreie Aussage hingenommen werden. Die abschließende Folgerung ist allerdings als polemische zu nehmen: Hier wird übergangslos von den ›Worten‹ als Darstellungsmitteln auf die ›Sachen‹ als Darstellungsinhalte geschlossen (die Problematik ist in der Rhetorik und der Barockpoetik als res-verba-Problem vorhanden); das bedeutet eine Identifizierung von Aussagen aus zwei ungleichen theoretischen Bestimmungsbereichen. Die logische Formulierung des Zusammenhangs hätte heißen müssen: Sprachliche Zeichen können solche Gegenstände, die sie als Raumkörper beschreiben wollen, durch eine sukzessive Beschreibung bzw. Nennung von Teileigenschaften vermitteln. LESSING spitzt seine scheinlogischen Schlüsse zunächst jedoch noch mehr zu:

4. »Gegenstände, die auf einander, oder deren Theile auf einander folgen, heissen überhaupt Handlungen. Folglich sind Handlungen der eigentliche Gegenstand der Poesie.«
(»Gegenstände, die neben einander, oder deren Theile neben einander existiren, heissen Körper. Folglich sind Körper mit ihren sichtbaren Eigenschaften, die eigentlichen Gegenstände der Mahlerey.«) LACHMANN, Bd. 9, S. 94 f.)

Hier steht eindeutig die Position der *dogmatischen* Literatur*kritik* im Vordergrund, die logische Bestimmung hätte allenfalls heißen können: Dichtung *ist* Handlung, wenn man sie als sprachliche Aktualisierung betrachtet; in diesem Sinne ist *alle* Dichtung – wie der Sprechvorgang – Handlung. LESSING konkretisiert seine These zwar, schränkt sie dadurch aber nicht grundsätzlich ein, sondern nur systemimmanent.

5. »Auf der anderen Seite können Handlungen nicht für sich selbst bestehen, sondern müssen gewissen Wesen anhängen. In so fern nun diese Wesen Körper sind, oder als Körper betrachtet werden, schildert die

Poesie auch Körper, aber nur andeutungsweise durch Handlungen.« (LACHMANN Bd. 9, S. 95)

Mit dem letzten Postulat hat LESSING eine Beschreibung der latenten Poetik HOMERS geliefert und damit das Bevorzugungssystem des Kritikers begründet. Die Forderungen des Kritikers in bezug auf die literarische Praxis sind dann:

6. »Eben so [wie die Malerei] kann auch die Poesie in ihren fortschreitenden Nachahmungen nur eine einzige Eigenschaft der Körper nutzen, und muß daher diejenige wählen, welche das sinnlichste Bild des Körpers von der Seite erwecket, von welcher sie ihn braucht.« (LACHMANN Bd. 9, S. 95)

Die erste Forderung an die ›beschreibende‹ Darstellung der Dichtung, das prägnanteste Merkmal zu wählen, steht also parallel zur Forderung an die Malerei, den prägnantesten Augenblick zu wählen. Das HOMER-Beispiel ist dabei tatsächlich nur Beschreibung einer *möglichen* bzw. einer *traditionell verwirklichten* Form des Erzählens.

7. »Für Ein Ding, sage ich, hat Homer gemeiniglich nur Einen Zug. Ein Schiff ist ihm bald das schwarze Schiff, bald das hohle Schiff, bald das schnelle Schiff, höchstens das wohlberuderte schwarze Schiff.« (LACHMANN, Bd. 9, S. 96)

Eine mögliche Ausnahme bestimmt LESSING ebenfalls durch die hermeneutische Typologie des HOMERschen Erzählens.

8. »Zwingen den Homer ja besondere Umstände, unsern Blick auf einen einzeln körperlichen Gegenstand länger zu heften: so wird dem ohngeachtet kein Gemählde daraus, dem der Mahler mit dem Pinsel folgen könnte; sondern er weis durch unzählige Kunstgriffe diesen einzeln Gegenstand in eine Folge von Augenblicken zu setzen, in deren jedem er anders erscheinet, und in derem letztem ihn der Mahler erwarten muß, um uns entstanden zu zeigen, was wir bey dem Dichter entstehen sehn. Z. E. Will Homer uns den Wagen der Juno sehen lassen, so muß ihn Hebe vor unsern Augen Stück vor Stück zusammen setzen.« (LACHMANN, Bd. 9, S. 96)

Die Tatsache, daß LESSING zwei Arten des Beschreibens und damit auch des Erzählens im allgemeinen Sinn unterscheidet, ist wesentlich für die unterschiedlichen Konsequenzen, die sich daraus für die sukzessiv-komponierende Darstellung ergeben; jetzt erst folgen LESSINGS eigentlich literaturtheoretische Bestimmungen. Auf die vereinfachende Übernahme sprachtheoretischer Bestimmungen folgt die für die literarische Makrostruktur notwendige Einschränkung.

zu 1. »Es ist wahr; da die Zeichen der Rede willkührlich sind, so ist es gar wohl möglich, daß man durch sie die Theile eines Körpers eben so wohl auf einander folgen lassen kann, als sie in der Natur neben einander befindlich sind.« (LACHMANN, Bd. 9, S. 101)

Hier wird also die Behauptung eingeschränkt, nur Handlungen seien aufgrund der Sprachstruktur Gegenstände der Dichtung. Der Satz wird damit so korrigiert, daß es heißt, ›Körper‹ könnten nur durch die sukzessive Reihung von Eigenschaften beschrieben werden. Der Handlungsbegriff ist aber im »Laokoon« selbst nicht eindeutig in ähnlicher Form eingeschränkt, allerdings sind die Ansätze dazu implizit vorhanden. Im fünften, als Fortsetzung geplanten, Entwurf zum »Laokoon« (ab Kapitel XLIII) findet sich eine ausführliche Abhandlung darüber.

Im »Laokoon«-Text selbst ist die Unterscheidung Körper-Handlung so polemisiert, als bezöge sie sich vorrangig auf eine Unterscheidung zwischen dramatisch-menschlichen und beschreibenden Funktionen der Epik; im Fortsetzungsentwurf dagegen wird durch die Definition der Handlung als einer Reihe »von Bewegungen, die auf einen Endzweck abzielen«, scheinbar zunächst der Sinn Seelenhandlung angesprochen, das aber schließlich endgültig relativiert und auf die Darstellung von ›Körpern‹ ebenfalls bezogen. LESSING unterscheidet hier eine »einfache Handlung« und eine »collective Handlung« (RILLA, Bd. 5, S. 311 f.):

Diese Reihe von Bewegungen, ist entweder in eben demselben Körper, oder in verschiedene Körper vertheilet. Ist sie in eben demselben Körper, so will ich es eine *einfache Handlung* nennen; und eine *collective Handlung,* wenn sie in mehrere Körper vertheilet ist. (RILLA, Bd. 5, S. 311)

Die folgenden Bestimmungen LESSINGS werden insgesamt zitiert, weil sie im Zusammenhang mit den besprochenen Arbeiten eindeutig sowohl die vereinfachende Tradierung LESSINGscher Theorie als auch die im Vergleich zu seinen detaillierten Klassifikationsversuchen zu pauschale Übertragung auf die Erzähltheorie zeigen.

Da eine Reihe von Bewegungen in eben demselben Körper sich in der Zeit eräugnen muß; so ist es klar, daß die Mahlerey auf die *einfachen Handlungen* gar keinen Anspruch machen kann. Sie verbleiben der Poesie einzig und allein.
Da hingegen die verschiednen Körper, in welche die Reihe von Bewegungen vertheilet ist, neben einander in dem Raume existiren müßen; der Raum aber das eigentliche Gebiete der Mahlerey ist; so gehören die *collectiven Handlungen* nothwendig zu ihren Vorwürffen.

Kritik der ›Erzähltheorie‹

Aber werden diese *collectiven Handlungen,* deswegen weil sie in dem Raume erfolgen, aus den Vorwürffen der poetischen Mahlerey auszuschließen seyn?
Nein. Denn obschon diese *collectiven* Handlungen im *Raume* geschehen, so erfolget doch die Wirkung auf den Zuschauer in der *Zeit.* Das ist; da der Raum, den wir auf einmal zu übersehen fähig sind, seine Schranken hat; da wir unter mannigfaltigen Theilen neben einander uns nur der wenigsten auf einmal lebhaft bewußt seyn können: so wird Zeit dazu erfordert, diesen größern Raum durchzugehen und uns dieser reichern Mannigfaltigkeit nach und nach bewußt zu werden.
Folglich kann der Dichter ebensowohl das *nach und nach beschreiben,* was ich bey dem Mahler nur *nach und nach sehen* kann; so daß die *collectiven* Handlungen das eigentliche gemeinschaftliche Gebiete der Mahlerey und Poesie sind. (RILLA, Bd. 5, S. 311 f.)

Hier bezieht LESSING die Phänomenologie der erkenntnistheoretischen Konstitution durch Beschauer bzw. Leser, den ästhetischen Akt der *synthetisierenden* Vorstellung, mit ein. In dieser erst vollständigen *literaturtheoretischen Bestimmung* hebt sich seine *puristische Behauptung* auf.

Im Zusammenhang mit seiner Kritik der »descriptive poetry« geht es LESSING darum festzustellen, welche Mittel die angemessenen sind, um eine nicht nur *singulare,* d. h. auf den einzelnen Beschreibungsgegenstand bezogene, sondern eine *universale,* d. h. auf den Ganzheitsgegenstand ›Dichtung‹ bezogene, ästhetische Wirkung zu erzielen. Die Einschränkungen im »Laokoon«-Text selbst zeigen eine noch andere Konsequenz, die deutlicher macht, daß es sich bei LESSING durchaus noch um eine *solche* Rhetorik-Diskussion handelt, die *poetisch-rhetorische* Formen in Abgrenzung zu anderen konstituiert.

Allein dieses [die Sukzessivität] ist eine Eigenschaft der Rede und ihrer Zeichen überhaupt, nicht aber in so ferne sie der Absicht der Poesie am bequemsten sind. Der Poet will nicht bloß verständlich werden, seine Vorstellungen sollen nicht bloß klar und deutlich seyn, hiermit begnügt sich der Prosaist. (LACHMANN, Bd. 9, S. 101)

Thematisch trifft LESSING die gleiche Unterscheidung, wie sie die Rhetorik zwischen ›ordo naturalis‹ und ›ordo artificialis‹ für die *Syntax* macht; parallel dazu könnte man LESSINGS stilistische Unterscheidung so formulieren: Es gibt einen ›ordo naturalis‹ der eigentlichen Sachbeschreibung, der dadurch bestimmt ist, daß er möglichst lückenlos und in einer ›natürlichen Ordnung‹ (die zu bestimmen wäre durch die *gleichwertige Stellung einzelner Elemente*) eine entsprechende *Sachkenntnis* des Gegenstandes analytisch vermittelt; der ›ordo artificialis‹ wäre demgegenüber ein *hierarchi-*

scher, in dem *ein* Merkmal, eben das »fruchtbarste« allen anderen gegenüber prävaliert. Ähnliche Bestimmungen für die ›entwicklungsgeschichtlich-natürliche‹ und die ›künstliche‹ Anordnung der ›erzählten Zeit‹ sind ebenfalls schon aus der Barockpoetik bekannt; die entsprechenden Untersuchungen, die G. Müller gemacht hat, ließen sich auf den Bereich des *erzählten Raums* und des *Erzählraums* übertragen.

Im Zusammenhang mit Lessings Bestimmungen ist sowohl die Tradition der barocken Abgrenzung von Dichtung und einer Rede, die »vulgaris« (Opitz) ist, zu sehen als auch die einer Innovationstheorie, wie sie Bodmer und Breitinger vertreten, indem sie einen ›ordo artificialis‹ auch der Realität im Begriff der »möglichen« Welten vorstellen. Daß bei Lessing die Frage nach der Angemessenheit der Quantität der beschreibenden Dichtung vorrangig gestellt wird, ist eine seiner Problematik angepaßte Variante. Hinzu kommt eine qualitative Unterscheidung der jeweiligen »ästhetischen Wirkung« je nach den unterschiedlichen Prinzipien der Beschreibung: In der ›prosaischen‹ (analytischen) hört er »in jedem Worte den arbeitenden Dichter« und fügt hinzu: »aber das Ding bin ich weit entfernt zu sehen«. (Lachmann Bd. 9, S. 104) Dagegen kann der Dichter »die Ideen, die er in uns erwecket, so lebhaft machen, daß wir in der Geschwindigkeit die wahren sinnlichen Eindrücke ihrer Gegenstände zu empfinden glauben, und in diesem Augenblicke der Täuschung, uns der Mittel, die er dazu anwendet, seiner Worte bewußt zu seyn aufhören.« (Lachmann, Bd. 9, S. 101) Die Bestimmung der ästhetischen Wirkung ist natürlicherweise in einer kallistischen Ästhetik nur die Bestimmung der Wirkung des *Kunstschönen,* dagegen nehmen wir den Begriff im Sinne der Wirkung von dargesteller, begrifflich beschriebener *Wirklichkeit* überhaupt; in diesem Sinne läßt sich sagen, daß Lessing die relativ real-ästhetische Konstitution eines Gegenstandes, d. i. die seiner ›natürlichen‹ raum-zeitlichen Ordnung einer kunst-ästhetischen, überzeitlichen, ›wahren‹ Ordnung der idealen Eigenschaften unterordnet. Damit erweitert er – so könnte man folgern – die *Regel der Sukzessivität der Rede* zu einer *Regel der Kausalität von Dichtung,* im Sinne einer substantiellen Bewirkung. Das ist die Konsequenz des physischen Handlungs- statt Abfolgebegriffs.

Den psychischen Handlungsbegriff entwickelt Lessing in einer Diskussion des Handlungsbegriffs von Batteux. Dessen Aussage – Handlung käme nur vernünftigen Wesen zu – erweitert er in seiner Abhandlung über die Fabel so, daß sie nicht nur die Definition

Seelenhandlung hat, sondern rationalistisch als Wirkung (Tat) einer Ursache (vorangegangenes ›Urteil‹) erscheint. Auch hier entwickelt er für die kallistisch bewertete Dichtung ein Kausalitätsprinzip der *notwendig folgenden* Wirkung im Unterschied zur *einfach sukzessiven* Beschreibungsfolge von Veränderungen (s. später K. HAMBURGER). LESSING entwickelt seine Ableitungen an einem Beispiel aus den Fabeln ÄSOPS, das auch von BATTEUX benutzt wird. (Zu beachten ist dabei, daß der Begriff ›Fabel‹ in diesem Zusammenhang nicht notwendig auf den literarischen Einheitstyp einzuschränken ist, daß in ihm gleichermaßen die Bedeutung ›Fabel‹ gleich Quintessenz der Handlung zu verstehen ist, die Bestimmungen dementsprechend auf einen allgemeineren Bereich zu übertragen sind.)

»Der Hirsch betrachtet sich in einer spiegelnden Quelle; er schämt sich seiner dürren Läufte, und freuet sich seines stolzen Geweihes. Aber nicht lange! Hinter ihm ertönet die Jagd; seine dürren Läufte bringen ihn glücklich ins Gehölze; da verstrickt ihn sein stolzes Geweih; er wird erreicht.« – Auch hier sehe ich keine Unternehmung, keine Absicht. Die Jagd ist zwar eine Unternehmung, und der fliehende Hirsch hat die Absicht sich zu retten; aber beyde Umstände gehören eigentlich nicht zur Fabel, weil man sie, ohne Nachtheil derselben, weglassen und verändern kann. Und dennoch fehlt es ihr nicht an Handlung. Denn die Handlung liegt in dem falsch befundenen Urtheile des Hirsches. (LACHMANN, Bd. 7, S. 434)

Der entsprechende Handlungsbegriff ist der der »moralischen« Handlung, sie ist eben definiert als *notwendige* Folge einer frei gewählten Handlung.

Und darinn hat Batteux freylich Recht, daß das, was er die Handlung der Fabel nennet, bloß vernünftigen Wesen zukomme. Nur kömmt es ihnen nicht deswegen zu, weil es ein Unternehmen mit Absicht ist, sondern weil es Freyheit voraussetzt. Denn die Freyheit handelt zwar allezeit aus Gründen, aber nicht allezeit aus Absichten. (LACHMANN, Bd. 7, S. 440)

Der an sich aufklärerische Freiheitsbegriff – Freiheit als Freiheit des Urteils – wird zur Entwicklung eines Handlungsbegriffs benutzt, durch den die literarische Handlung definiert wird als notwendige Folge der *Wirkung aus Gründen*. Aufgrund dieses poetologischen Handlungsbegriffs fordert LESSING von der Darstellung der Handlung mehr als die Beschreibung physischer oder psychischer Sukzession, eben die Darstellung nicht zufälliger, sondern *notwendiger* Veränderungen. Damit bezeichnet er den gleichen Unterschied zwischen einer Darstellung ›in singularis‹ bzw. ›in universalis‹, wie sie im System der Rhetorik bereits vorhanden ist und

Puristische Erzähldoktrin und ihre Ablösung 85

in beinahe allen Reflexionen der Kunstliteratur nach einem klassischen Schema Belletristik von profaneren Darstellungsformen unterscheidet (in der Klassik vor allem bei SCHILLER ausdrücklich im Zusammenhang mit der symbolischen Darstellung). Der in der Literaturwissenschaft vorwiegende, reduzierte Handlungsbegriff wird im Anhang zur humanistisch-idealisierenden Theorie angedeutet.
Eine andere, (traditionell) sich wiederholende Diskussion steht im Zusammenhang mit dem Begriff ›*Täuschung*‹.

Nochmals also: ich spreche nicht der Rede überhaupt das Vermögen ab, ein körperliches Ganze nach seinen Theilen zu schildern; sie kann es, weil ihre Zeichen, ob sie schon auf einander folgen, dennoch willkührliche Zeichen sind: sondern ich spreche es der Rede als dem Mittel der Poesie ab, weil dergleichen wörtlichen Schilderungen der Körper das Täuschende gebricht, worauf die Poesie vornehmlich gehet; und dieses Täuschende, sage ich, muß ihnen darum gebrechen, weil das Coexistirende des Körpers mit dem Consecutiven der Rede dabey in Collision kömmt, und indem jenes in dieses aufgelöset wird, uns die Zergliederung des Ganzen in seine Theile zwar erleichtert, aber die endliche Wiederzusammensetzung dieser Theile in das Ganze ungemein schwer, und nicht selten unmöglich gemacht wird.
Ueberall, wo es daher auf das Täuschende nicht ankömmt, wo man nur mit dem Verstande seiner Leser zu thun hat, und nur auf deutliche und so viel möglich vollständige Begriffe gehet: können diese aus der Poesie ausgeschlossene Schilderungen der Körper gar wohl Platz haben, und nicht allein der Prosaist, sondern auch der dogmatische Dichter (denn da wo er dogmatisiret, ist er kein Dichter), können sich ihrer mit vielem Nutzen bedienen. (LACHMANN, Bd. 9, S. 104 f.)

»Denn da wo er dogmatisiret, ist er kein Dichter«, ein Schlüsselsatz im Zusammenhang mit dem *ambivalenten* Integrationsbegriff der Literaturwissenschaft, die immer noch das Moment der *täuschenden* Unterhaltung vor irgendwie geartete Informationsprozesse stellt; auch der übliche Begriff der ›epischen Zeit‹ erklärt sich in diesem Zusammenhang in seiner vorverständlichen Bestimmtheit – epische Zeit ist die Zeit des *absoluten Dichtens*. Festzuhalten ist jedoch zunächst, daß LESSINGS Bestimmungen noch der grundsätzlichen Konstitution von dichterisch-literarischen Formen zuzuordnen sind. Hier wird bei der Diskussion von unterhaltender und belehrender Literatur ein rein belletristischer Einheitsbegriff von Kunstliteratur konstruiert (siehe auch die später explizierten ›Täuschungsbegriffe‹ BREITINGERS).
Eine den Bereich der Belletristik entmetaphysierende Kritik müßte dann feststellen, daß die literaturwissenschaftlichen Bestimmungen zur Problematik ›Erzählen‹, solange sie sich in diesem Umkreis bewegen, Theorie nur der einfach unterhaltenden Literatur sind (al-

lenfalls im Bereich der literarischen Wertung Bestimmung eines formal ›höher‹ zu bewertenden Typs), nicht jedoch Theorie des künstlerischen Erzählens überhaupt und schon gar nicht theoretische Bestimmung des Erzählens in *Grenzfällen*. Zudem wird die gesellschaftlich zu nennende unterhaltende *und* informierende Funktion von künstlerischer Literatur ausgeschlossen.

Lessings Behauptung, mit der die polemische Dialektik der Axiomatik von Sprachwissenschaft, Literaturkritik und Literaturtheorie abgeschlossen wird, ist die bereits zitierte: »Es bleibt dabey: die Zeit ist das Gebiete des Dichters, so wie der Raum das Gebiete des Mahlers.« Nachdem der Sinn dieses Satzes in den kunstkritischen und phänomenologischen *Begründungszusammenhang* gestellt worden ist, wäre auch er zu relativieren – *allein, das ist eine Eigenschaft der Rede überhaupt.* Das heißt, Literatur wird konstituiert durch die Aufeinanderfolge, die Sukzessivität der Wortzeichen als ihrer Darstellungsmedien; alle übrigen normativen Erklärungen werden von Lessing selbst explizit bestimmt als Beschreibung eines historisch bedingten Typs ›schöner‹ Literatur. Ohne dem »Laokoon« den faktischen literaturgeschichtlichen und den möglichen wissenschaftsgeschichtlichen Sinn absprechen zu wollen, ist die entsprechende literaturwissenschaftliche ›Theorie‹ als Traditionsmodell einer hermeneutischen Idealtypologie zu bezeichnen. Dadurch, daß die Analysen zur Theorie der ästhetischen Wirkung, und indirekt damit auch zur Theorie des ästhetischen Aktes, von der Literaturwissenschaft auf den absolut puristischen Behauptungssatz ohne Einschränkung bezogen werden, bleiben außerdem die eigentlich wichtigen Folgerungen unwirksam. Man kann nämlich folgende systematische Unterscheidungen Lessings sinnvoll benennen:

1. Die Beschreibungserzählung oder Erzählungsbeschreibung (wir benutzen diese Verbindung, um die Gleichartigkeit der Bedingungen von Element ›Beschreibung‹ und Einheit ›Erzählung‹, die Lessing in der parallelen Strukturbestimmung von »einfacher« und »collectiver« Handlung implizit darlegt, bezeichnen zu können) als sprachliche Elementarform mit dem Ziel der ›Klarheit‹, als *Diskurs* also;

2. als *assoziative Einheit*, als ›Bild‹, die neben dem ganzheitlichen Dingbegriff (Schiff) wenige Eigenschaftsbegriffe (Epitheta) anführt, die als schmückend zu bezeichnen sind, insofern das Objekt der Darstellung weitgehend als substantivische ›Leerform‹ in bezug auf die Vielfalt der möglichen attributivischen Füllungen erscheint;

diese bleiben somit dem Leser und seiner jeweilig individuellen ästhetischen Aktivität überlassen;
3. als *progressive Beschreibung qua Erzählung;* das ist eine solche, die sich gemäß der historischen Abfolge der Zeit entwickelt. Damit sind zu unterscheidende Systemprinzipien literarischen Erzählens bzw. Beschreibens bestimmt.

Die Bestimmung der zweiten, der Idealform nach LESSING, ist: Da Sprache durch die sukzessive Folge von Sprachzeichen nur nacheinander zur Darstellungseinheit führt, soll sie (als mimetische Kunst) den Anschein von Koexistenz täuschend erwecken, indem sie ihre natürliche Beschreibungsstruktur durch kollektive Begriffe als synthetisierende erscheinen läßt; diese wiederum ›künstliche‹ Raumbildeinheit (die Konstitution erfolgt primär auch sukzessiv) soll durch ›Handlungen‹ in ihrer Progression natürlich, das heißt, ästhetisch wirksam gemacht werden (Beschreibung des Wagens der Juno als Beschreibung eines Arbeitsprozesses).

Auf die einzelnen im Zusammenhang mit PETSCH, MEYER und LÄMMERT besprochenen Probleme brauchen wir nicht mehr einzugehen; sie sollten lediglich um die traditionellen Begründungen erweitert und damit einsichtig gemacht werden. Nur noch der bevorzugt als erzähltheoretische Bestimmung angeführte Satz, der Bericht sei urepische Form, ist an dieser Stelle kritisch zu analysieren: Bezieht man ihn auf den Begriff ›Zeitfolge‹, dann ist damit nicht mehr gesagt, als daß es eine Leerform des Erzählens gibt, die in der Nennung von Namen und Fakten besteht; die kürzeste Informationsform wäre damit als Ausgangsform, Gerüst usw. des Erzählens bestimmt. Diese einfachen Elemente der sprachlichen Mitteilung sind sinnvoll nur zur Erklärung unterschiedlicher Systemprinzipien der literarischen Darstellungsfunktion heranzuziehen. Angewandt auf den Bereich ›Epik‹ gleich ›Kunsterzählung‹ gleich ›Zeitkunst‹ werden sie jedoch zur Abblendung von nicht im ›epischen Aggregatzustand‹ befindlichen literarischen Objekten benutzt. Der rhetorisch-*taktische* Purismus LESSINGS wird in der literaturwissenschaftlichen Auffassung vom Erzählen zu einem *naiven* Purisieren aller erkenntnistheoretischen und damit auch ästhetischen Probleme auf eine Zeitdimension, die eigentlich nur bestimmt ist durch einen Erzählbeginn und ein Erzählende. Angeblich gibt es zwischendurch *Unterbrechungen* des Zeitstromes, z. B. durch ›Beschreibung‹ oder ›Reflexion‹. Dem ist entgegenzuhalten, daß erstens die epische Zeit (wenn dieser Begriff überhaupt einen literaturtheoretischen Sinn haben soll) gar nicht dermaßen unterbrochen wird, da sie nur bestimmt ist als sukzessive Abfolge des Erzählens und somit sowohl in den ›statischen‹ Beschreibungen als auch in den ›zeitlosen‹ Reflexionen vorhanden ist; daß zweitens im Zusammenhang mit phänomenologischen Erklärungen variabler Zeiterfahrung neue Bestimmungen von Erzählprinzipien notwendig werden, die die Möglichkeiten der Variabilität des Systems Kunsterzählung konstatieren. An dieser Stelle soll dazu nur problematisch formuliert werden, daß die kunstliterarische Beschreibung primär als amplifizierende Variante eines Systemprinzips Erzählen betrachtet werden kann, die, da es sich in der Regel nicht um logische Prävalenzen der beschreibenden Elemente handelt, eine je und je wieder zu unterscheidende Funktion hat. In diesem Zusammenhang auf eine ›natürliche‹, substantiell gattungsbedingte Hierarchie zu schließen ist weder erzähltheoretisch noch hermeneutisch-typologisch haltbar. Der literaturwissenschaftliche *Topos* von der Zeitkunst-Dichtung ist, zusammen mit allen seinen Implikationen, Beweis für einen *ästhetischen Purismus,* der eine wesensmäßige, in ihrer Substanz gleichbleibende, überhistorische, ihre Merkmale natürlich tradierende Gattung denkt. Der Konstruktivität der künstlerischen Praxis gegenüber ist das Kennzeichen der literaturtheoretischen Benennung regressiv und stagnierend. Kinetische Raumgebilde und ›Konkrete Poesie‹ bleiben im Bereich des »entepente«, im Bereich der als abstrakt gekennzeichneten Kunst, die mit den theoretisch möglichen Formen von Kunst experimentiert.

2.2.6 Zu einer humanistisch-idealisierenden Literaturtheorie. Der Gattungsbegriff

Obwohl wir keine ausführliche Entwicklungsgeschichte des literaturwissenschaftlichen Erzählbegriffs liefern wollen, ist in diesem Zusammenhang (dem der sachlichen Explikation von experimentell-spielerischen Formen der Kunst) eine historische Erklärung dafür zu geben, daß eine von der Literaturwissenschaft kaum reflektierte Nuance des kunstliterarischen Horizontes (zwischen elitärer Metaphysierung und ökonomischer Sachlichkeit, zwischen dem ›Wesen‹ und der ›Ware‹ Literatur), daß der Begriff des theoretisch-spielerischen Experimentes in der Kunsttheorie einer Ideologisierung höherer Art unterlegen ist. Zudem fällt auf, daß Literatur weder in ihren *sachlichen* Problemen noch als *spielerisch-experimentelle* Erforschung und Beschreibung dessen, was ›Wirklichkeit‹ sein kann, gesehen wird, daß die *volle* gesellschaftliche Funktion von Kunstliteratur theoretisch nicht angegangen wird.

PAUL GERHARD VÖLKER charakterisiert indirekt die Intention der *vorherrschenden* Idealtypologie, wenn er »die reaktionäre Gesinnung einer Wissenschaft, die nicht müde wird, die Größe literarischer Werke zu messen, an der künstlerischen Realisation des Menschlichen in ihnen« kritisiert (In: Methodenkritik, S. 41). Wir sahen im Zusammenhang mit dem Integrationsbegriff, daß Problemformen vorrangig solche sind, die in verstärkter Form, das heißt ausdrücklicher, auf eine sogenannte ›außerliterarische‹ Wirklichkeit bezogen sind (Beschreibung, Reflexion); daß die erzähltheoretischen Bestimmungen in diesem Umkreis *bewertend* sind, je nach Graden der Integration, d. h. je nach dem Grad der formalen Identifikation mit einer literarisch individuierten und in diesem Sinne relativ eigenständigen Umwelt literarischer Personen. Außerdem ließ sich eine Tendenz feststellen, die die Aussage VÖLKERS grundsätzlich berechtigt erscheinen läßt, die nämlich, den größten Teil der *positiven erzähltheoretischen Bestimmungen absolut humanbezogen zu deuten* (die Bevorzugung der ›mimetischen‹ Darstellungsformen wie Szene, dialogischer, ›dramatischer‹ Stil, die Sinngebung von Bericht als Handlungsdarstellung usw. deuten darauf hin).

Im Zusammenhang mit der Entwicklungsgeschichte der literaturtheoretischen Bestimmungen läßt sich hierfür die Bevorzugung der bereits vorgeschichtlich explizierten ›*dramatischen Erzählauffassung*‹ anführen. Im wesentlichen lassen sich drei historische Varianten unterscheiden, die *subjektivistische,* die eigentliche geistesgeschichtlich *humanistisch-idealistische* und die *objektivistische.* Für den ersten Zusammenhang soll als Beispiel BLANKENBURG herangezogen werden, weil seine Bestimmungen am deutlichsten eine Verbindung von empfindsamem Subjektivismus und rationalistischem Humanpathos zeigen. Im Mittelpunkt seiner Reflexionen steht ein Begriff, der mit Blick auf die neuere Erzähltheorie traditionelle Mechanismen transparent macht, der Begriff »Bewegung«.

Der Mensch ist so geschaffen, daß er bey Erblickung gewisser Handlungen, Empfindungen und Gegenstände in eine ergetzende oder verdrüßliche Bewegung geräth. Wir werden durch alles in Bewegung gesetzt, was selbst in Bewegung ist. Auch leblose Dinge, ein großer Pallast, ein tiefer Abgrund erzeugen Bewegungen in uns; [...] (BLANKENBURG: Versuch über den Roman, S. 25)

Für diese Dialektik von subjektivem Bewegtwerden und objektiver Bewegung sind erstens *affektive Urteile* als Ursache der ›Bewegung‹ angegeben und zweitens die *metaphysische Qualität* ›Erhabenheit‹ (Größe, Abgrund) als Aufwertung ›lebloser‹ Dinge; dies sind qualitative Bestimmungen, die auch in neueren Untersuchungen der Literaturwissenschaft (vor allem in solchen Untersuchungen über Raum und Zeit und deren strukturellen Funktionen) im Vordergrund stehen. Bei BLANKENBURG wird diese Empfindsamkeitstheorie im folgenden durch einen rigorosen Psychologismus erweitert.

Und da jeder Dichter in gewissem Maße auch die Gegenstände der körperlichen Natur nützen darf: so gehören auch natürlich diese mit in seinen Zirkel. Es scheint aber, als wenn sie nur in Verbindung mit selbsthandelnden Wesen, und beziehendlich gebraucht werden könnten, weil sie nicht dauernde und bestimmte Bewegungen in uns erzeugen. (S. 28)

Hier ist bereits *ein* Integrationsprinzip als Normtechnik des Erzählens angeführt, das durch eine Überschätzung der Teilnahme am ›Menschlichen‹ und durch eine Unterschätzung der irgendwie gearteten intellektuellen Information gekennzeichnet ist. Im folgenden entwickelt BLANKENBURG eine Abhandlung über Mittel der Illusionierung, die uns im einzelnen nicht interessiert; wir wollen uns auf solche Aussagen beschränken, die die Idealtypik der Gattung ›Erzählung‹ als rückführbar auf Illusionismus-Theorien erklärt. Diese Entwicklungsanalyse ist insofern wichtig, als sich in der Literaturwissenschaft ein ähnliches Prinzip zeigt, den Bereich der angeblich *funktionslosen,* weil an fiktive Personen gebundenen Wirkung von Literatur normierend zu theoretisieren. Zu dieser Erzählauffassung gehört auch die von BLANKENBURG geforderte Objektivität des Erzählers, die Ausschaltung von Egotismen, also der Ausschluß eines *außerliterarisch individuierten Erzählers* aus der ›literarischen Wirklichkeit‹ von ›literarischen Personen‹.

Wenn W. LOCKEMANN in diesem Zusammenhang feststellt, BLANKENBURG fasse im Gegensatz zu H. MEYER das Erzählen unhistorisch, offenbart sich die gesamte Problematik der Zuordnung ›historische‹ oder ›unhistorische‹ Erzählauffassung; der Begriff der Integration verhindert in seiner üblichen Anwendungsform jede Erzählauffassung, die mit *einigem Recht* historisch genannt werden könnte.

BLANKENBURGs Theorie impliziert grundsätzlich eine, wenn auch einfach lineare, Beziehung von Kommunikatoren. Dadurch werden seine ›Versuche‹ weitgehend als taktische Anleitungen zur Technik der wirkungsvollsten literarischen Kunstform bestimmt. Demgegenüber stellt der *humanistische Idealismus* (SCHILLERS) eine substantielle Kunsttheorie auf, die das ›Wesen‹ der Literatur mit dem ›Wesen‹ des Menschlichen zu einer zeitlos-schönen, invariablen, ungeschichtlichen (der teleologische Entwicklungsglaube an das Ideal-Schöne ist kaum als ›geschichtlich‹ zu bezeichnen) und idealen Gattung sublimiert, und in diesem Sinne auch *unmenschlich* macht. Z. B.:

An sich selbst ist die sinnliche Empfindungsweise etwas Unschuldiges und Gleichgültiges. Sie mißfällt uns nur darum an einem Menschen, weil sie thierisch ist und von einem Mangel wahrer, vollkommener Menschheit in ihm zeugt; sie beleidigt uns nur darum an einem Dichterwerk, weil ein solches Werk Anspruch macht, uns zu gefallen, mithin auch *uns* eines solchen Mangels fähig hält. (Über die ästhetische Erziehung, Werke, Cotta, Bd. 12, S. 220 f.)

In diesem Zusammenhang ist der literaturwissenschaftliche *Gattungs*begriff zu explizieren; obwohl weder eine direkte Beeinflussung behauptet noch eine bewußte Tradierung bewiesen werden kann und soll, dienen solche gegenüberstellenden Analysen dem Nachweis eines das eigene Wissenschafts- und Literaturverständnis kaum reflektierenden Bewußtseins.

Bei SCHILLER findet sich eine Formulierung, die sowohl die Verbindung von humanistischem Idealismus und Literaturtheorie zeigt als auch die von metaphysischer Kallistik und literarischem Gattungsbegriff.

Ich werde daher im Fortgange meiner Untersuchungen den Weg, den die Natur in ästhetischer Hinsicht mit dem Menschen einschlägt, auch zu dem meinigen machen und mich von den Arten der Schönheit zu dem Gattungsbegriff derselben erheben. Ich werde die Wirkungen der schmelzenden Schönheit an dem angespannten Menschen und die Wirkungen der energischen an dem abgespannten prüfen, um zuletzt beide entgegengesetzte Arten der Schönheit in der Einheit des Ideal-Schönen auszulöschen, so wie jene zwei entgegengesetzten Formen der Menschheit in der Einheit des Idealmenschen untergehn. (ebd. S. 66)

Der Gattungsbegriff der Schönheit wird definiert als die Einheit des Ideal-Schönen; *der Gattungsbegriff der Literaturwissenschaft entspricht weitgehend dieser Idealtypik.* Im Zusammenhang mit dem geistesgeschichtlichen Horizont, dem philosophischen Idealismus, ließe sich eine interpretierende Diskussion führen, die dem pathetischen Idealismus des SCHILLERschen Gattungsbegriffes die wissenschaftlich-systematisierend zu nennende Grundlage solcher angeblich natürlicher Einheitsbegriffe zuordnen würde.

z. B.: »Alle jene in Schwang gebrachte Formeln: die Natur nimmt den kürzesten Weg – *sie tut nichts umsonst – sie begeht keinen Sprung in der Mannigfaltigkeit der Formen* (continuum formarum) – *sie ist reich in Arten, aber dabei doch sparsam in Gattungen,* u. d. g. [...] sind nichts anders als eben dieselbe transzendentale Äußerung der Urteilskraft, sich für die Erfahrung als System und daher zu ihrem eigenen Bedarf ein Prinzip fest zu setzen. [...] Denn, daß die Natur in ihren bloß formalen Gesetzen (wodurch sie Gegenstand der Erfahrung überhaupt ist) nach unserm Verstande richte, läßt sich wohl einsehen, aber in Ansehung der besondern Gesetze, ihrer Mannigfaltigkeit und Ungleichartigkeit ist sie von allen Einschränkungen unseres gesetzgebenden Erkenntnisvermögens frei und es ist eine bloße Voraussetzung der Urteilskraft, zum Behuf ihres eigenen Gebrauchs, von dem Empirisch-besondern jederzeit zum Allgemeinern gleichfalls Empirischen, um der Vereinigung empirischer Gesetze willen, hinaufzusteigen, welche jenes Prinzip gründet.« (Kritik der Urteilskraft, Werke, WEISCHEDEL, Bd. 5, S. 187)

Als indirekte Kritik kann WERNER KRAUSS' Position gesehen werden: »Die Geschichte einer Gattung ist eben nicht die Realisierung eines apriorischen Gesetzes – [...].« (»Perspektiven und Probleme«, S. 7) Auch die Kritik FRIEDRICH SENGLES an dem Rückzug der Literaturwissenschaft auf »sublime Trinitätsspekulationen« charakterisiert allgemeine Wissenschaftsverständnisse und Systembegriffe.

Aber es wäre schon viel gewonnen, wenn wir wenigstens eingestehen wollten, daß im Laufe des 19. Jahrhunderts eine literarische Formenlehre zerfiel, welche der literarischen Wirklichkeit näher kam als die bequeme, aber zu wenig differenzierte Lehre von den drei Dichtungsgattungen, [...]. (Die literarische Formenlehre, S. 7)

Der literaturwissenschaftliche Gattungsbegriff ist zweifellos *Relikt* einer klassischen Wissenschaftskonzeption. Ihr geht es nicht um die klassifizierende Systematik von vielfältigen literarischen Erscheinungsformen unter nuancierten, adäquat beschreibenden Ordnungs- und Gruppenbegriffen, sondern um die Verallgemeinerung zu angeblich normgebenden Gesetzen absoluter Gültigkeit. Die entsprechende Kunstanschauung ist geprägt durch die Auffassung vom *idealen* Kunstwerk als *totaler* Organisation der ›natürlichen‹ Welt in eine menschliche. VÖLKERS Kritik wäre auszuweiten auf die Frage, wie die literarische Theorie einem gewandelten Selbstverständnis und Weltbild gerecht wird (einer Literatur gerecht würde, die den Menschen tatsächlich nur als Figuranten darstellen wollte und zu anderen Systemprinzipien greifen müßte als zu denjenigen, durch die die literarische Wirklichkeit weitgehend der »transliterarischen Bezüge« entkleidet wird). In diesem Zusammenhang bietet sich eine erweiternde Erklärung auch zur Ambivalenz des Integrationsbegriffs an. Der weiter tradierte Organismusgedanke drückt in seinen Grundzügen die Vorstellung vom idealen Ganzen als quasi-organischer, absolut einheitlicher, d. h. schöner Ganzheit aus.

Für die *objektivistische* Variante der in ihren Grundzügen humanistisch-dramatischen Erzählauffassung ist an die schon bei BLANKENBURG vorhandene Objektivitätstheorie im Zusammenhang mit der Erzählerfunktion zu erinnern. Dieses Thema soll nicht weiter verfolgt werden, etwa in seiner expliziten Erweiterung durch SPIELHAGEN. WINFRIED HELLMANN hat bereits E. LÄMMERT vorgeworfen, eine Theorie wie die SPIELHAGENS für eine überhistorische Aussage über das Wesen des Romans genommen zu haben, und die Theorie selbst kritisiert: »Grundsätzlich formuliert: der Roman, wie ihn Spielhagens Theorie fordert, soll wie einen Makel verbergen, was er ist, – ein Produkt des Erzählers.« (Objektivität, Subjektivität und Erzählkunst. In: Festschrift für H. PLESSNER, S. 361). SPIELHAGENS ›Theorie‹ ist nicht Theorie des Romans, sondern literarischwertende Kritik nach Regeln eines vorverständlich von bestimmten Wirkabsichten her festgelegten Romanbegriffs. Die Humanisierungstendenz der objektivistischen Variante ist nicht so eindeutig wie die der beiden anderen Formen der ›dramatischen‹ Erzählauffassung; durch sie wird aber der Handlungsbegriff der Erzählung auf die Darstellung menschlichen Agierens eingeschränkt.

Die *trivialen* Konsequenzen der humanistisch-dramatischen Erzählauffassung führen schließlich den literaturwissenschaftlichen Gattungsbegriff ad absurdum. Als Beispiel zunächst die als Vorlesung konzipierten Abhandlungen von W. WACKERNAGEL (Poetik, Rhetorik, Stilistik, 1873). Hier findet sich zum Teil eine einfache Referierung der LESSINGschen Theorie, allerdings auf einer Ebene des metaphorischen Spiels mit dem Begriff ›Bewegung‹.

> Eine in solcher Weise historisch gewendete Beschreibung ist schon dergleichen naturwissenschaftlichen Werken vortheilhaft und in so fern von ihnen zu fordern: noch um vieles mehr wird es in dem Wesen einer eigentlich erzählenden Schrift [hier ist der Bezugsgegenstand erst nur der Reisebericht] begründet sein, dass an denjenigen Stellen, wo die Erzählung in die Beschreibung übergeht, die letztere, um den Ton des Ganzen nicht zu stören, auch den Anschein von Erzählung gewinne. (S. 261)

Hier wäre zunächst zur Diskussion zu stellen, wie weit solche Erzähltheorie *puristisch* ist, weil sie immer noch die Prosaformen vom Makel der ›unschönen‹ Formen reinigen will (was die gesamte

Kritik der ›Erzähltheorie‹

Vorgeschichte der Erzähltheorie charakterisiert). Stellt man diese Bewegungstheorie in einen größeren Rahmen der literaturgeschichtlichen Gruppierungen, so ist die sogenannte romantische ›Bewegungslandschaft‹ relativ eindeutig als Praxis solcher Theorie zu charakterisieren. Die Kritik GUTZKOWS an der Trivialisierung der Romantik durch das Biedermeier (gekennzeichnet mit dem Begriff des »Lovely« als »Rokoko des Romantischen«, s. »Die kleine Narrenwelt«) impliziert die Annahme eines Trivialisierungsprozesses von erzähltheoretischen Bestimmungen überhaupt seit LESSING. Sieht man in diesem Zusammenhang auch HEBBELS Kritik an STIFTER, »Erst dem Mann der ewigen Studien, dem behäbigen Adalbert Stifter war es vorbehalten, den Menschen ganz aus dem Auge zu verlieren«, (Das Komma im Frack), dann zeigt sich, daß die Auseinandersetzung der Erzähltheorie um die Beschreibung eine solche ist um *materialistische* und *idealistische* Wirklichkeitsbilder.

Eine als übertrieben zu bezeichnende Form der an der *bewegten* Wirklichkeit gemessenen Erzählauffassung kann ein Beispiel zeigen, daß eines von vielen aus der Deutschen Romanzeitung des Jahrgangs 1872 ist.

Wie das webte und wirkte! Woge folgte auf Woge, wetteifernd, wer am weitesten bergauf zu gleiten und den Sand am nachhaltigsten in einen Spiegel zu verwandeln vermöge. [...] Vor den sinnenden Blicken verkörperten sich die tosenden Unebenheiten; aus dem Brausen und Poltern, aus dem Zischen und Plätschern erklang es bald wie bedächtiges Geplauder und Erklären, bald wie heiteres Lachen, um gleich darauf wieder in süße, wehmütige Klagen überzugehen. Vertraute Physiognomien, die längst der Vergangenheit anheimgefallen, lugten aus dem wirbelnden Schaum hervor; sie verschwammen; an ihrer Stelle tauchten andere auf: hier hart und wettergebräunt, dort holdselig und zart. Ich glaubte endlich, jeder einzelnen Woge früher schon einmal begegnet zu sein; indem ich darüber nachsann, wo dieses Zusammentreffen stattgefunden haben möge, klang es aus der nach dem Strande hinaufschlüpfenden Brandung wie heller Jubel, und jetzt erst wurde mir klar, daß auch die Wellen, alle miteinander, wie sie herbeirollten, mich wiedererkannten, sich die größte Mühe gaben, mein Gedächtniß zu unterstützen und die entschwundenen Zeiten noch einmal recht lebhaft vor mich hinzuzaubern.
»Unmöglich«, sprach ich in Gedanken.
»Und dennoch ist es möglich«, tönte es aus dem Brausen zurück, und indem der langgestreckte Schaumstreifen sich auf dem Sande ausbreitete, gewahrte ich, daß die ihn erzeugende Welle sich vor Lachen hätte ausschütten mögen. (B. MÖLLHAUSEN: Das Finkenhaus, No. 1, S. 1)

Auffallend ist, daß gerade *der* Typ von Literatur, der die angeblichen Bedingungen der Gattung *absolut* erfüllt, als Trivialliteratur gilt. TODOROV verweist auch darauf, daß dem literaturwissenschaftlichen Gattungsbegriff ein organischer Einheitsbegriff zugrunde liegt, der nur durch die sich traditionell quasi *vererbende* Trivialliteratur erfüllt wird (Einführung in die phantastische Literatur).

Damit sollte nicht mehr gezeigt werden, als daß die Literatur zwar nicht im normierenden Sinne an der Theorie zu messen ist, *aber der Grad der Überholbarkeit der Theorie an der realisierten Literatur.*

2.3 Die ›liberale‹ Erzählauffassung als rivalisierender Purismus

2.3.1 R. Koskimies: Theorie des Romans

Folgende schematische Darstellung der von KOSKIMIES vertretenen Erzählauffassung zeigt zunächst eine von den bisher beschriebenen Systemen unterschiedene Beschreibung der (Roman-)Erzählung.

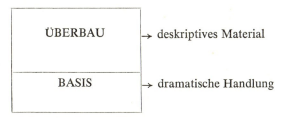

KOSKIMIES ist einer *der* Vertreter einer scheinbar ›liberalen‹ Erzählauffassung, die eine verhältnismäßig schmale Basis dramatischer Handlung und einen Überbau an deskriptivem Material zunächst als Prinzip des Romans bestimmen. Die Charakteristik ›liberale Erzählauffassung‹ ist jedoch kritisch einzuschränken: In ihr drückt sich nicht theoretische *Vorurteilslosigkeit* aus, sondern wieder ein lediglich *meinungsbildendes Bevorzugungssystem*. Ein solches zu rechtfertigen kann auch nicht Aufgabe einer Entwicklung der modernen Literaturtheorie sein. Ohne eigentliche Begründung wird eine Typologie *des* Romans geliefert, der nur durch die Breite des Fabulierraumes bestimmt ist, und wiederum als allgemeingültig vorgestellt. Daraus soll sich auch wieder die Ablehnung *anderer* Formen erklären.

In der Epik ist das Vorhandensein »überflüssiger« Worte nichts Verwerfliches, weil sie eben der epischen Form wirksam zu ihrer Ausgestaltung verhelfen. Die selten illusorische Sachlichkeit, mit der z. B. Balzac die äussere Handlung seiner Romane angreift, und, die wie ein schwellender Strom allerlei quasiwissenschaftliches und stoffliches Material mit sich führt, ist ein typisches Beispiel für die wirklich [!] epische Form, [...]. (S. 116)

Daß auch eine solche Aussage keine generalisierbare theoretische Bestimmung des Erzählens ist, wird an dieser Stelle nicht mehr ausführlich zu besprechen sein. Der Voluntarismus auch dieses Prinzips wird deutlich:

Der Verfasser dieses hat zu gestehen, dass er der in den letzten Jahrzehnten zurückgelegten Entwicklung dieser Dichtungsgattung keine besonders günstige Auffassung abgewinnen kann. Dies mag wohl auf dem anfangs atheoretischen [!] Eindrucke beruhen – der uns dann zu einer Klarlegung der Theorie [also nur der eigenen meinungsbildenden ›Theorie‹] veranlaßt hat –, daß der gegenwärtige, sich vor allem als psychologisch bezeichnende Roman in weitem Umfang Mittel zu benutzen strebt, die im Grunde unepisch sind. (S. 160)

Außerdem finden sich bei KOSKIMIES ähnliche Widersprüche wie in den bereits kritisierten Arbeiten. Einerseits hält er ein unbestimmtes Berichtelement für die Form des reinen Erzählens, andererseits bemerkt er sinnvoll, »dass die epische Beschreibung nur eine Variation der einfachen Berichtmethode ist« (S. 192). Das aber weist ihn offenbar nicht darauf hin, daß seine entsprechenden Einschränkungen dann nicht theoretische Analyse des Romans sind, sondern nur seine Meinung über einen Roman, wie er zu sein *habe,* darstellen.

2.3.2 Käte Friedemann: Die Rolle des Erzählers in der Epik

Bei FRIEDEMANN steht der *Liberalisierungsversuch* in direktem Zusammenhang mit den traditionell bekannten gegensätzlichen Positionen einer »historischen« und einer »mimetisch-fiktionalen« Erzählhaltung bzw. -auffassung. Der Ansicht SPIELHAGENS und der W. VON HUMBOLDTs will sie einen entgegengesetzten Standpunkt hinzufügen: »nämlich den, daß Spielhagen im großen und ganzen durchaus konsequent verfährt, daß aber seine Theorie eine falsche ist, weil sie dem Wesen der Erzählkunst widerspricht.« (S. 3)
Solche Behauptungsstandpunkte im Zusammenhang mit dem »Wesen« des Erzählens lassen sich auf das beschriebene klassische Theorieverständnis zurückführen, in dem Theorie immer dann

schon angenommen wird, wenn eine These zu einem bestimmten Typ realisierter Erzählung ausgesprochen wird. Zu bedenken ist, daß die Funktion der SPIELHAGENschen Theorie allenfalls darin gesehen werden kann, den Typ der ›objektiven‹ (in anderen Zusammenhängen nuanciert auch als mimetisch-fiktional zu bezeichnenden) Erzählhaltung beschrieben und dogmatisch als eigentliche Erzählung postuliert zu haben. Sie ist also nur relevant im Zusammenhang mit einem Erzählprinzip, in dem sich ein Erzähler und die sog. Mittel der Erzählung wenig deutlich machen.

FRIEDEMANN vertritt die Position, daß *gerade* die Darstellung auch *der die Erzählung konstituierenden Mittel* das ›Wesen‹ des Erzählens ausmache. Eine solche Behauptung kann jedoch nur das einseitig postulierte Prinzip der anderen Position für unvollständig erklären. Sobald wieder nur voluntaristisch eine Gegenposition behauptet wird, trifft die Konkurrenztheorie der gleiche Vorwurf.

FRIEDEMANN geht es zum Beweis ihrer These darum, »[...] die wesentlichen, einer bestimmten Gattung entsprechenden Merkmale zu bestimmen und sie von den bloß durch Entlehnung gewonnenen zu sondern.« (S. 13)

Entsprechend kritisiert sie eine zeitgenössische »poetische Anarchie«, die wohl dadurch gekennzeichnet sein soll, daß sie die Unterscheidung zwischen substantiellen und entlehnten Merkmalen nicht aufrechterhält, also gattungs*negierende* Aussagen impliziert. Darüber wird noch im Zusammenhang mit LEIBFRIEDs Behauptung zu sprechen sein, es gebe keine Übergangsformen. An dieser Stelle soll der Hinweis auf die Probleme des Gattungsbegriffs im Zusammenhang mit Medienbestimmungen genügen (etwa Bühne, Buch, Gedichtband). Zu diskutieren ist, wieweit sich die *Eindeutigkeit* der Gattung durch einen *Literatur-Text*-Begriff aufhebt. Wir meinen, daß man von ursprünglichen, nichtliterarischen Merkmalen des Erzählens vielleicht sprechen kann – wie sie sich als Merkmale der intersubjektiven Erzählkommunikation äußern; da diese gerade keine gattungsgebundenen Eigenschaften haben, fragt sich, welche Merkmale eines als Ganzheit konstruierten Textes FRIEDEMANN als substantiell gattungsgebundene – gegenüber entlehnten – charakterisieren will. Was also FRIEDEMANN leisten kann, ist, *traditionell* für wesensmäßig genommene Merkmale von als nicht wesentlich empfundenen zu trennen. Das aber geht nur innerhalb der Medieneinheiten Schauspiel, Gedicht, Erzählung. So könnte man etwa problematisieren: Ein Dialog *ist* im Drama nur so lange ›wesensmäßig‹ dramatisch, wie er von Gestik und Mimik begleitet gesprochen wird; *erfährt* man ihn episch, das heißt, liest man ihn als *Text mit Regie- und Bühnenanweisungen,* ist er literaturtheoretisch genauso als ›epischer‹ Text zu bestimmen.

Ähnlich sind ihre Aussagen über die Selbstdarstellung des Erzählers zu relativieren. Notwendig zum Erzählen gehörend ist ein Erzähler qua Autor, das heißt ein natürlich vorgegebener Urheber der literarischen Fixierung in einem durch ihn bestimmten Systemzusammenhang (Inhalt und Prinzip der Information). Nimmt man als regulative Extreme einerseits die objektive Erzählung an und andererseits die autobiographische, dann wird anerkannt, daß die Wahl des Informationsprinzips, die Wahl von ›Mischformen‹ etwa, dem Autor überlassen bleibt. Biologisch-organische Gesetze gibt es in diesem Zusammenhang nicht. *Der Gattungsbegriff ist ein Konstrukt der jeweiligen Tendenzen einer den Literaturbegriff überhaupt wertend bestimmenden Formenanalyse.* Wenn FRIEDEMANN beansprucht, »[...] darzutun, daß das Wesen der epischen Form gerade in dem Sichgeltendmachen des Erzählenden besteht« (S. 3), so ist einzuschränken, daß dieser Anspruch kein dogmatischer sein kann, sondern nur Ergänzung einer vorher als dogmatisch empfundenen These; zweifellos verfolgt FRIEDEMANN den sozusagen empirischen Nachweis, daß es nicht nur die Form des *objektiven* Erzählens gibt. Ihre Schlußanalyse enthält den allen voluntaristischen Erzählbestimmungen zuzuordnenden Wertbegriff der »echt epischen Darstellungsweise«.

[...] dann sind wir wohl berechtigt, in dieser Selbstdarstellung des Erzählers das wesentlichste Gesetz aller echt epischen Darstellungsweise zu erkennen, und Forderungen unberechtigt zu nennen, die gerade diese, der epischen Kunst eigentümlichen Merkmale als Unbefugtheiten brandmarken möchten. (S. 245)

Die Widerlegung dieser allzu dogmatischen Formulierung bringt sie selber wenige Zeilen vorher: »Die Gesetze der Kunst sind keine kategorischen, sondern hypothetische.« (S. 245)

2.4 Klassische Tendenzen in sog. methoden- und systemkritischen Arbeiten

2.4.1 Der Absolutbegriff der absoluten Fiktivität und die relative Fiktionalität

Käte Hamburger: Die Logik der Dichtung (a), 1. Aufl. Das epische Präteritum (b), Noch einmal: Vom Erzählen (c), Zum Strukturproblem der epischen und dramatischen Dichtung (d)

Die ersten Kapitel der »Logik der Dichtung« sind, nach Hamburgers Worten, insgesamt »vorbereitend präliminar« (a, S. 20); im Gesamtzusammenhang aller ihrer Arbeiten zur ›epischen Dichtung‹ stellen sie eine *Limitierung* der Anwendbarkeit dar, die nicht bewußt gemacht wird. Die einzelnen Stufen der Abblendung erfolgen durch eine ganze Anzahl von logischen Zirkelschlüssen:
1. So geht Hamburger in der Einleitung von Hegels Vergleich zwischen *dichterischer* und *nicht-dichterischer* Sprache aus, gesteht der Diskussion von ›Dichtung‹ und ›Wirklichkeit‹ zwar eine erhellende Funktion zu und erklärt ihre eigene Arbeit für eine solche Diskussion; ihre Präliminarien bestimmen dagegen den Zweck ihrer Untersuchungen dadurch, daß sie »den dichterischen ›Ausdruck‹ vom außerdichterischen zu unterscheiden« haben (a, S. 13). Ihrer Meinung nach gibt es in einer relativ vergleichenden Gegenüberstellung von ›Dichtung‹ und ›Wirklichkeit‹ »keine spezifische *Kunst-*, d. h. hier *Dichtungswissenschaft* mehr, und [es] entfällt jede Möglichkeit, den dichterischen ›Ausdruck‹ vom außer-dichterischen zu unterscheiden« (a, S. 13).
2. Im Unterschied zur traditionellen Dichtungsästhetik soll die Logik der Dichtung angeblich auch die kallistische Wertfrage ausschließen (a, S. 1 ff.). Den Umkreis ihrer theoretischen Analyse will also Hamburger nicht durch eine literarische Wertung auf den für Kunst befundenen Bereich beschränken, statt dessen grundsätzlich auch die *Laien*literatur (sie nennt das »Primanergedicht«) einbeziehen. Das aber würde bedeuten, daß die allgemeinen Bedingungen der Konstitution von Literatur qua fixiertem Text untersucht werden sollen und nicht nur Formen der im Sinne der Literaturkritik für ›gut‹ befundenen Dichtung.
Kritisch ist einzuschränken, daß Hamburger damit zwar den

Dichtungsbegriff formal erweitert, indem sie Nuancen der *praktizierten* literarischen Wertung für theoretisch irrelevant erklärt. Die prinzipielle Einschränkung von *Literatur* auf *Belletristik* wird damit jedoch nicht aufgehoben. Der zugrunde gelegte Einheitsbegriff bleibt ein kallistischer, dem das Primanergedicht ohne Schwierigkeit unterzuordnen ist, da es Versuch innerhalb der *gleichen* Prinzipien ist, die für das Gedicht allgemein gelten.

Eine sprachlogische Analyse, wie sie HAMBURGER unternimmt, hat gegenüber einer Analyse, die umfassender und in gleichem Maße problembewußter wird, den zweifelhaften Vorteil, *eindeutiger* zu *formalen Urteilen* zu kommen. Fragbar bleibt, ob die erkenntnistheoretisch-ontologischen Aspekte in einer Theorie von literarischen Makrostrukturen insgesamt ausgeschaltet oder formalisiert werden können. Hier wäre noch einmal an die Kritik BIERWISCHS zu erinnern; man könnte den Übergang von der logischen Analyse zur *wissenschaftlich*-ästhetischen Analyse als Möglichkeit nehmen, die literarische Makrostruktur zu bestimmen.

3. Eine weitere Abblendung zeigt die Behauptung, epische Erzählung sei nur die Er-Erzählung. Die Ich-Erzählung wird ausgeschlossen. Man muß annehmen, daß dieser Ausschluß erfolgt, um die Probleme der komplexen Struktur von Wirklichkeit und Fiktion umgehen zu können. In einem anderen Zusammenhang wird noch eine Einschränkung der Gültigkeit ihrer Bestimmungen notwendig; diese betrifft *den* Teil der Erzählung, der szenisch ist. Damit sind alle *die* Formen aus dem Umkreis des Erzählens ausgeschlossen, die keinen sog. fiktiven Orientierungsraum haben, alle, die sich ausdrücklich als durch ein realhistorisches Ich konstituierte Aussagen vorstellen. Damit ist der Bereich der Anwendbarkeit ihrer Logik auf ein Minimum beschränkt.

Alle übrigen Ableitungen dienen auch der von APEL benannten ontischen Reduktion, der Abblendung von Wirklichkeit und geschichtlicher Zeit. Ungefähr alle Probleme dieses Umkreises werden negativ diskutiert; bezeichnend ist, daß der literarische Gegenstand und der Gegenstand Literatur als solche nie gesehen werden. Geht man nämlich davon aus, daß der literarische Gegenstand Gegen-Stand ist im doppelten Sinne: einmal literarischer Gegen-Stand für den die Darstellung rezipierenden Leser und einmal Gegen-Stand, der durch den »Habitus« (siehe INGARDEN) der Realität auch als Gegen-Stand in der Realität erfahren wird (natürlich sind die entsprechenden Transformationen einzubeziehen), wäre die *Fiktionalität* als *relative* bestimmt; demgegenüber bestimmt HAMBURGER die *Fiktivität* der Dichtung als *absolute*, die dichterische Aussage als Nicht-Wirklichkeitsaussage.

HAMBURGER unterscheidet drei Ich-Begriffe. Es sind dies das »historische«, das »lyrische« und das »epische« Ich, ein dramatisches Ich nimmt sie als nur Variante des epischen Ichs. Sie trennt die drei Ich-Begriffe und ihre Funktion *kategorial,* dementsprechend ist ihr das »epische Erzählen von kategorial anderer Art als das historische« (a, S. 73). Einer solch absoluten, substantiellen Unterscheidung ist die Relation »historisches« Ich – »episches« oder künstlerisches Ich allgemein entgegenzuhalten, in der die Unterscheidungen für *topische* Zerlegungen genommen werden; die Unterscheidung wäre verstanden als *tatsächlich nur logische,* der im Verhalten eines individuellen Ichs *Entwicklungen* entsprechen, aber keine substantiell zu unterscheidenden *Ichs* eines Bewußtseins. HAMBURGER entgeht dieser Problematisierung, indem sie das *historische Ich* nur als »tertium comperationis« bezeichnet. Aufgrund der Abblendung der psychologischen und erkenntnistheoretischen Dimension entstehen folgende Widersprüche: Den Brief eines Dichters nennt sie als kategorial bestimmt durch ein historisches Ich. Außerhalb der nur formallogischen Bestimmung muß jedoch der Brief, den ein historisches Ich verfaßt, dann, wenn er Brief eines ›Dichters‹ ist, in seiner Aussagestruktur als auch bestimmt durch ein ›Poetisches Ich‹ (es sei lyrisch oder episch) angesehen werden.

Man könnte beispielsweise in der Terminologie FREUDS von einer Bestimmung der Aussage des historischen Ichs durch ein poetisches Über-Ich sprechen. Die historische Aussage des Briefes bekommt durch die auch als historisch zu bestimmende Zielvorstellung ›Dichter‹ eine Struktur, die sich der poetischen Mittel der Transformation möglicherweise in demselben Maße bedient wie die als Kunst fixierte Aussage desselben Ichs.

Wenn der Ausdruck ›historisches Ich‹ überhaupt sinnvoll sein soll, muß er ein zu identifizierendes Ich bezeichnen, eben das *reale* Ich des Dichters oder – um das Beispiel zu erweitern – das des Wissenschaftlers. Beider Aussagen wird man ihrer Intention nach unterscheiden können als entweder private oder als solche, die ein der jeweiligen Systemposition angemessenes System, Literatur bzw. Wissenschaft, entstehen lassen. Nimmt man dazu die private Aussage, wenn sie Brief ist, wiederum als System, so werden sich möglicherweise entsprechend künstlerische oder wissenschaftliche Variationen aufweisen lassen. Wenn HAMBURGER im übrigen sagt, daß die Briefstelle im Roman, die Romanstelle im Brief stehen könnte, daß also allein der Kontextbegriff über ›Wirklichkeit‹ und ›Fiktivität‹ der Aussagen entscheidet, so stimmt das ungefähr mit unseren Ausführungen überein, widerspricht aber ihrer Behauptung von der kategorialen Verschiedenheit von Wirklichkeits- und Kunstaussagen. Wenn es möglich ist, die Romanstelle im Kontext etwa eines Briefes als Wirklichkeitsaussage zu nehmen, so ist die Bedingung der Möglichkeit dazu, daß sie eine Wirklichkeitsaussage intendiert. Wenn die Fiktivität epischer Aussagen nur dadurch bestimmt ist, daß sie als einheitliches System, das sich aus dem Kontext ergibt, Nicht-Wirklichkeitsaussagen sind, so ist das gleich einfach identifizierend wie der Satz, »man könne mit Löffeln nicht Suppe essen, sondern nur Löffel« (v. WEIZSÄCKER).

Eine Briefstelle, die in einen Roman eingearbeitet ist, wird aufgrund des Kontextes als *Nicht-Wirklichkeitsaussage* bestimmt. Die Beziehungen zwischen den Realitätsbezügen der Aussagen jeweils anderer Kontexte sind ungleich komplexer, als dies HAMBURGER darstellt. Wenn sie der Aussage des »epischen Ichs« die absolute Fiktivität zuordnet, bestimmt sie in Konsequenz eine *empirische Fiktivität,* das aber ist ein Widerspruch in sich selbst; genausowenig ist entgegengesetzt eine *fiktive Realität* zu behaupten. Die *Realität* eines Autor-Erzählers, dessen »historisches Ich«, ist *empirisch* und nicht fiktiv, weil es eine fiktive Realität nicht gibt. Die *Fiktionalität* der Aussagen des »epischen Ichs« (erzählerische Aussageform eines Autors) ist eine *relative Fiktion*, die auf die mögliche oder für möglich genommene Erfahrung der Realität (eines historischen Ichs – Autor, Leser) rückführbar sein muß, weil es keine empirische Idealität gibt. Wenn HAMBURGER sagt, allein die Tatsache des Bewußtseins, einen Roman zu lesen, könne keine Wirklichkeitsaussage als solche vermitteln, so übergeht sie die gesamte Problematik der Objektbestimmung einer formalen *und* materialen Logik, wie wir sie im Zusammenhang mit der physikalischen Objektbestimmung andeuteten. Zweifellos vermittelt auch die Lektüre von z. B. DE BOHR oder HEISENBERG nicht den Eindruck einer primären oder besser *konkreten* Wirklichkeitsaussage wie etwa der Satz, »Ich sah Rom«; sie deshalb als Nicht-Wirklichkeitsaussage zu bestimmen ist etwas anderes, als die Aussage in Relation zur ›Wirklichkeit‹ differenzierend zu bestimmen. Obwohl HAMBURGER die Übertragung des realen raum-zeitlichen Bezugssystems nennt, hält sie den absoluten Anspruch ihrer Bestimmungen aufrecht. In diesem Zusammenhang bietet sich die Utopie noch einmal als Beispiel

Klassische Tendenzen in methoden- und systemkritischen Arbeiten 103

an. Entspricht ihr auch keine realisierte Wirklichkeit, so steht sie doch der Falsifizierung offen, d. h. der Korrektur durch mögliche Realisationen. In ihrer Aussagestruktur ist sie darum keine Nicht-Wirklichkeitsaussage, sondern eine möglicherweise falsche Wirklichkeitsaussage. Letzten Endes schließt ein objektives Verständnis des Strukturbegriffs die *absolute* Behauptung der Nicht-Wirklichkeitsaussage aus. (S. a. die Sprache-Wirklichkeit-Diskussion bei WITTGENSTEIN. APEL formuliert: »Darin besteht gerade nach dem »Tractatus« die operative Pointe der Sprache als eines Wort-Satz-Systems, daß wir unter der apriori garantierten Voraussetzung gegenständlicher Wortbedeutungen, durch Kombination derselben nach logischen Regeln eine mögliche Sachlage gewissermaßen »probeweise« im Geiste »zusammenstellen« können, – eine mögliche Sachlage, d. h. einen »Sachverhalt« im »logischen Raum«, dem möglicherweise eine »Tatsache« entspricht, dann nämlich, wenn unser Satz wahr ist.« (Bd. 1., S. 341))
Zusammenfassend läßt sich sagen, daß der Begriff der Fiktivität im Sinne der Bestimmung von erzählender Literatur als *absoluter* Nicht-Wirklichkeitsaussage der eigentlich unbrauchbare ist gegenüber dem Begriff ›Fiktionalität‹ im Sinne der Bestimmung von Literatur als *relativer* Wirklichkeitsaussage. HAMBURGER benutzt auch den zweiten Begriff, aber ohne entsprechende Differenzierungen.
Nach der Diskussion der allgemeinen Voraussetzungen der »Logik der Dichtung« läßt sich zusammenfassend – und für die folgende Analyse propädeutisch – sagen, daß auch dieses Bevorzugungssystem ein strukturnegierendes ist.
Mit der These, »daß das Präteritum der erzählenden Dichtung keine Vergangenheitsaussage bedeutet« (b, S. 329), soll wieder der Beweis geführt werden, daß es sich nicht um eine Wirklichkeitsaussage handeln kann. Als Beispiel wird wieder die Utopie gebraucht.
Einige kritische Einwände wurden bereits versucht; zu bedenken ist außer diesen, daß der die Utopie erzählende oder schreibende Erzähler bzw. Autor die Utopie als phantastisch erlebte, als phantastisch realisierte nimmt und darstellt, daß also die Vergangenheits*aussage* erst *Bedingung der Möglichkeit* der literarischen Utopie ist. Gleiches gilt für die Realisation durch den Leser, sie erfordert einen in die Zukunft vorverlegten Standpunkt, der die Erzählung als ›vergangen‹ und damit als ›Wirklichkeit‹ nimmt. Dies ist Voraussetzung der semantischen ›Vergegenwärtigung‹. Folgende Aussage HAMBURGERs ist ein Beispiel dafür, daß sie solche Relationen, von denen man stellenweise glauben könnte, sie angesprochen

zu sehen, schließlich doch immer wieder abblendet zugunsten ihrer speziellen Autonomietheorie.

Die echte Fiktion aber ist demgegenüber [gegenüber der echten Phantasie, die alle drei Zeitformen, Präsens, Imperfekt, Futurum, enthält und die durch die Beziehung zur »Ich-Origo« in ihrer »echten grammatischen Funktion« bestehen bleiben] dadurch definiert, daß sie 1. keine reale Ich-Origo enthält und 2. an deren Stelle fiktive Ich-Origines enthalten muß, das heißt Bezugssysteme, die mit dem die Fiktion in irgendeiner Weise erlebenden Ich, dem Verfasser oder dem Leser, kategorial nichts zu tun haben. Und das eben bedeutet, daß sie nicht-wirklich, fiktiv sind. (b, S. 334)

Was unterscheidet die echte Phantasie *irgendeiner* Ich-Origo von der einer *Literaten-Ich-Origo,* was unterscheidet die Zeitformen von Phantasie und Fiktion, wenn beide ähnlich in Relation zur Wirklichkeit bestimmt werden können als Phantasie bzw. Fiktion, was ist eine *fiktive* Ich-*Origo,* schließlich, mit wem sollen die fiktiven Ich-Origines zu tun haben, bzw. für wen sollen sie Bezugspersonen sein, wenn nicht für Autor und Leser. Wollte man das System HAMBURGERS von diesen Widersprüchen befreien, so müßte man einen fiktiven Autor und einen fiktiven Leser, d. h. einen Nicht-Autor und einen Nicht-Leser einführen, ein Paradoxon sicher, aber nicht abwegig als Konsequenz, wenn man an die Vorstellung von einer ›Literatur an sich‹ denkt, wie sie auch in anderen Haltungen und Meinungen anklingt.

HAMBURGER hat ihre »Logik der Dichtung« als Beschreibung des »Phänomens und Begriffes der literarischen Fiktion« bestimmt, ihre Logik beschreibt das Phänomen und den Begriff Literatur als Fiktivität. Dabei wird das Prinzip der legitimen Abblendung verlassen, so, wenn sie durch einen neuerlichen Zirkelschluß feststellt: »Es sind also die fiktiven ›Personen‹ oder Ich-Origines, die in einem genauen dichtungstheoretischen Sinne den Begriff der Erzählung definieren«, was natürlich dann ›richtig‹, und *nur* dann ›richtig‹ ist, wenn Dichtung theoretisch von der absoluten Fiktivität her bestimmt ist. Daß HAMBURGER dieses Verfahren formallogisch einsichtig ist, zeigt ihre Untersuchung über den logischen Zirkelschluß bei SCHILLER (Philosophie der Dichter. Novalis, Schiller, Rilke. Stuttgart 1966). Zu fragen ist, ob dadurch, daß »erkenntnistheoretisch-logisch« das »Imperfekt des Berichtes« in *einigen* Elementen der Einheit ›Erzählung‹ angeblich aufgehoben wird, diese selbst als Einheit keine Vergangenheits- und Wirklichkeitsaussage mehr darstellt.

Klassische Tendenzen in methoden- und systemkritischen Arbeiten

Die fiktiven Personen sind genausowenig und genausoviel *gegenwärtig* wie andere beschriebene Gegenstände und auch erst durch die Beschreibungsfunktion des Erzählens konstituierbar. Dies führt zum eigentlichen Problem der HAMBURGERschen Aussagen: Es ist die Frage, wie man etwas nicht *sinnlich Gegenwärtiges* in der *Vorstellung* so vergegenwärtigen kann, daß es den Intentionen der »Dichtung«, d. h. hier der Belletristik, entspricht. HAMBURGER sieht die Lösung zunächst in der Behauptung der nicht präteritiven Aussagebedeutung des Erzählens.

Das heißt: in der Erzählung waltet keine Zeit, die sich in irgendeiner Weise auf diesen [den Erzähler] (und mit ihm den Leser) bezöge. Es ist eine fiktive Zeit, nur gebunden an die fiktive Geschichte der Gestalten und ohne Bezug auf die wirkliche Existenz des Autors oder des Lesers. (b, S. 337)

Was eine »fiktive Zeit« ist bzw. wie reale Zeit und fiktive Zeit zu unterscheiden sind, in welchem Sinne sie solche Zeitbegriffe über die *grammatikalische* Bestimmung hinaus benutzt, bleibt ungeklärt. Daß sie mit vorwissenschaftlichen Zeitbegriffen das Ergebnis gewissermaßen manipuliert, läßt sich zeigen. So wird »der eigentliche Beweis für das Paradoxon«, daß das epische Präteritum keine Vergangenheitsaussage ist, mit dem »Erlebnis, das wir haben, wenn wir mit der fiktiven Erzählung beschäftigt sind, [durch] das Erlebnis der »Gegenwärtigkeit« eines fiktiven (nicht auf den Leser, sondern auf die Dichtungsgestalten bezogenen) Jetzt und Hier« erklärt (b, S. 343). Im Begriff des »Erlebnis« ist das »Jetzt und Hier« mit Notwendigkeit aber auf den Erlebenden, eben den Leser bezogen. Ebenso vereinfachend bestimmt sie das Verhältnis von »Vorgestelltsein« und »Vergangensein« ohne Relation zu Zeitbegriffen, die sich im Zusammenhang mit dem Begriff der ›Erfahrung‹ entwickeln.

Umgekehrt aber ist das Vorgestelltsein keineswegs mit dem Charakter des Vergangenseins wesensmäßig verbunden. Stelle ich mir die Peterskirche in Rom vor, denke ich an einen entfernten Freund, so sind dies für mich zwar vorgestellte, doch keine vergangenen Gegenstände. (d, S. 3)

Die vorgestellten Gegenstände sind mit Blick auf ihre Existenz keine vergangenen, dagegen sind sie als erfahrene Gegenstände der Vorstellung einer vergangenen Erfahrung zugehörig; die Beschreibung von Peterskirche oder Freund sind demnach Wirklichkeitsaussagen eines vergangenen Erfahrens oder einer moralischen Erfahrung, daß die Peterskirche so aussieht, wie man sagt, und ein Freund ist, wie man sagt, daß er zu sein habe – *auf diesen Bereich des Erfahrbaren bezieht sich graduell alle Dichtung.* Man könnte formulieren: Die dichterische Aussage *muß* nicht generell als Nicht-Wirklichkeitsaussage betrachtet werden, sie kann aber Aussage über einen nicht-wirklichen Gegenstand sein, ist dann immer noch Aussage über die Erfahrung des *vergangenen Gegenstehens* von Gegenständen, die in der Vorstellung präsent sind; beschrieben werden können sie in allen drei von HAMBURGER genannten Tempusformen.

HAMBURGERS These von der Fiktivität kann sinnvoll nur zur *Bestimmung der Gegenwärtigkeit als einer fiktiven* herangezogen werden (s. die Barockpoetik, die in einer absoluten Imaginationstheorie Dichtung als »Vor-Augen-Stellen« bezeichnet). Aber auch das weist sie selbst zurück:

Denn das *Als Ob* enthält das Bedeutungselement der Täuschung, damit den Bezug auf eine »wirkliche« Wirklichkeit, der eben deshalb im Konjunktiv irrealis formuliert wird, weil die Als Ob-Wirklichkeit nicht die Wirklichkeit *ist*, die sie vorgibt zu sein (z. B. dieser Herr, der auftritt, als ob er ein Maharadscha wäre, nicht wirklich einer ist). Die Als-Wirklichkeit aber ist Schein (Illusion, semblance von Wirklichkeit, d. h. aber Nichtwirklichkeit oder Fiktion. Der Begriff der Fiktion im Sinne der Als-Struktur aber ist einzig und allein erfüllt durch die dramatische und die epische Fiktion der Er-Erzählung. (c, S. 63)

Durch eine Verbindung der beiden Begriffe Als-Ob-Wirklichkeit und Als-Wirklichkeit wäre eine sinnvolle Unterscheidung zwischen dem Sein und der Funktion der ästhetischen Wirklichkeit der Erzählung möglich gewesen, dadurch, daß HAMBURGER die Begriffe ›Illusion‹ und ›semblance‹ mit der Bestimmung Nicht-Wirklichkeit, Fiktion belegt, wehrt sie eine eigentliche Problemanalyse ab. Gerade der von HAMBURGER abgelehnte Begriff des Als-Ob bietet sich für eine Relationenanalyse an. Die »Fiktivität« der literarischen ›Person‹, ihre Idealität könnte man bestimmen als ein regulatives Prinzip der kunstliterarischen Vernunft; die personale Einheit – z. B. Herr Arnoldsen – zeigt ein Verfahren, alle Verbindung von Aussagen, Eigenschaften usw. so anzusehen, als ob sie aus einer notwendigen Ursache entsprängen, die nichts mit dem Autor zu tun hat; sie ist nicht Behauptung einer für die Aussage notwendigen Existenz. Wir betrachten diese Formulierung als Arbeitshypothese, um folgende Relationen herstellen zu können.

Klassische Tendenzen in methoden- und systemkritischen Arbeiten 107

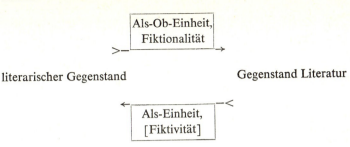

literarischer Gegenstand   Gegenstand Literatur

Beschreibung: Die obere Relation stellt den Konstitutionsprozeß der Einheit ›Literatur‹, im engeren Sinne der Einheit ›Erzählung‹ dar, soweit sie das Verfahren bezeichnet, aus einer Vielfalt von dem Autor gegenstehenden Objekten seiner ›Wirklichkeit‹ (aus einer Vielheit objektiver Aussagen) ein ganzheitliches Objekt (System) zu fertigen. Die Intention ist dadurch gekennzeichnet, daß sie darauf ausgerichtet ist, eine Als-Ob-Wirklichkeitseinheit zu konstituieren, d. h. eine solche, die die Einheit als mögliche erfahrbar macht. Der untere Relationenbereich kann entsprechend den vorigen Bestimmungen als Intentionsrichtung und Ablauf der Leser-Gegenstandskonstitution aufgelöst werden.

Es gilt zu zeigen, daß HAMBURGERS Bestimmungen nur den Bereich des Erlebens einer Als-Einheit, einer autonomen, fiktiven, nicht-wirklichen Literaturwirklichkeit reflektieren, und zwar ohne die Beziehung auf die Bedingung der Konstitution durch Leser und Autor. Damit behandelt sie Literatur als – hier äußert sich das Paradox noch einmal – Einheit einer notwendigen Existenz, als autonome von Autor, Leser und subjektiver Erfahrung der ›Welt‹ unabhängigen Wirklichkeit. Ein solcher Dichtungsbegriff ist reine Mythologie: Die literarische qua sprachliche Fiktion ist zwar Folge der *künstlerischen* Betätigung, die Nicht-Wirklichkeitsaussage ist weder deren *Absicht* noch deren *notwendige Wirkung*. Von daher sind folgende Aussagen in das gleiche voluntaristische Prinzip der Dichtungstheorie einzuordnen.

Von einer fiktiven, gedichteten Person können wir nicht sagen, daß sie eine subjektive oder objektive Aussage macht, wie denn ihre Aussage auch nicht dem Wahrheitsnachweis [!] unterzogen werden kann. Die Reden der fiktiven Personen sind nichts als Elemente ihrer Gestaltung, ihres So und nicht anders Geschaffenseins, ganz ebenso wie die Beschreibung ihrer Körper und Kleider, ihres Verhaltens und Handelns. Darum sind die Aussagen der Roman- und Dramenfiguren Schein- oder Nicht-wirklichkeitsaussagen. Und es ist sowohl ein Symptom wie eine Folge dieser sprachlogischen Verhältnisse, daß wir die »Worte«, aus denen die sprachlichen Kunstwerke bestehen, nicht als Informationen über Realitätsverhältnisse benutzen können, auch dann nicht, wenn Realitätsstoffe in ihnen gestaltet sind. (c, S. 66)

Der Begriff »Wahrheit« bedeutet hier nicht mehr als realisierte Existenz, in diesem Sinne kann der Wahrheitsnachweis der literarischen Person nicht erfolgen. Deshalb den »Wahrheitsnachweis« ihrer Aussagen für ausgeschlossen zu halten, ist nicht notwendig folgerichtig, da sie Aussagen eines Autors sind. Würden die fiktiven, d. h. nicht-wirklichen Personen ›sprechen‹, gäbe es keine Literatur. Die Aussagen »fiktiver« Personen sind nur dann nicht dem direkten Wahrheitsnachweis zu unterziehen, wenn sie sich auf die *Behauptung der eigenen Existenz* beziehen. Die übrigen Aussagen stehen der Falsifizierung im Zusammenhang mit realisierten ›Wirklichkeiten‹ offen, sind also in diesem Zusammenhang als Wirklichkeitsaussagen zu sehen. Die Behauptung, daß wir die »Worte«, aus denen die sprachlichen Kunstwerke bestehen, nicht als Informationen über Realitätsverhältnisse benutzen können, auch dann nicht, »wenn Realitätsverhältnisse in ihnen gestaltet sind«, entspricht einem Sprachnihilismus. Dann können Transformationen der sprachlichen Information überhaupt nicht als Informationen genommen werden, weil sie in dem von HAMBURGER gemeinten Sinn »fiktiv« sind, auch nicht wissenschaftliche Systeme, Formeln usw. oder fachspezifische Terminologien; in letzter Konsequenz wäre eben der gesamte kybernetische Raum der intersubjektiven und intermedialen Information von der Nicht-Wirklichkeitsaussage bestimmt. »[...] tatsächlich kann nur die Bedeutung den Wörtern ihre Wort-Einheit verleihen, ohne diese würden sie sich in Laute oder in Federzüge auflösen.« (SARTRE: Was ist Literatur? S. 11 f.). In HAMBURGERS System werden durch formallogische Bestimmungen, wenn auch nicht die Wörter in Laute, so doch die »Worte« in Illusionen aufgelöst.

Folgendes erweist auch ihr Ableitungssystem als ein solches zur literarischen *Kritik*, die »Logik der Dichtung« stellt die entsprechende Axiologie vor.

Was das Präteritum der Erzählung betrifft, so ist eben aus diesen Gründen das manchmal gebrauchte Präsens historicum ein ästhetisch eben so gefährlicher Kunstgriff, wie die Einbeziehung des Zuschauerraums in die schauspielerische Handlung: die Illusion der gedichteten Welt wird zerstört. (d, S. 6)

Klassische Tendenzen in methoden- und systemkritischen Arbeiten 109

Das Präsens historicum ist »ästhetisch« *gefährlich* nur im Sinne eines Einheitsbegriffs der ›schönen‹ gedichteten Welt, daß es ästhetisch (als eine die Bedingungen der Möglichkeit von Zeit- und Raumbegriffen der Sprache andeutenden Form) weder gefährlich noch problematisch für einen Leser bzw. Zuschauer ist, beweist die Möglichkeit der sinnvollen Verwendung desselben.

Wenn HAMBURGER sagt:

Nicht daß es *auch* Partien gibt, wo der Erzähler eine Wirklichkeitsaussage vorzutäuschen scheint, deren Struktur erhalten ist, ist das Entscheidende, sondern daß diese immer, gleichgültig in welcher Dosierung, mit den Partien »szenischer Darstellung« alternieren, [...] (c, S. 65),

hat sie endgültig den Umkreis der sprachlogischen oder erkenntnistheoretischen methodischen Neutralität verlassen. Was *sie* das Entscheidende nennt, ist eine persönlich-meinungsbildende Entscheidung, der mit dem gleichen persönlichen ›Recht‹ und wissenschaftlichen ›Unrecht‹ andere entgegengestellt werden können. Demnach sind ihre Bestimmungen für relativ zutreffend zu nehmen für einen Bereich, der die illusionistische Funktion von Literatur betrifft. Diese allein wissenschaftlich zu untersuchen stellt keine Logik der Dichtung dar, sondern eine logische Untersuchung derjenigen Mittel, die die Illusion zu vermitteln in der Lage sind; alle ihre Bestimmungen zur Wirklichkeitsstruktur der Dichtung sind dahingehend einzuschränken.

Ähnliches gilt für die Behauptung, in einem realen historischen Bericht sei es nicht möglich, deiktische Zukunftsadverbien mit dem Imperfekt zusammenzustellen, im Roman ginge dies aber »ohne Widerspruch vor sich« (b, S. 333).

Und hat die Mitteilung über Friedrichs Flötenspiel die Form »heute abend wollte der König Flöte spielen«, so befinden wir uns nicht mehr in einem Geschichtswerk, sondern in einem Fridericusroman. Daß ich niemals in einem realen, historischen Bericht, meine eigene Existenz oder die dritter Personen betreffend, ein deiktisches Zukunftsadverb mit dem Imperfekt zusammenstellen kann, dies aber im Roman ohne Widerspruch vor sich geht, ist bereits ein sprachliches Indizium dafür, daß es mit dem Imperfekt der erzählenden Dichtung nicht im Sinne einer Vergangenheitsaussage bestellt ist. (b, S. 333)

Zunächst einige problematisierende Widersprüche: Wenn in einem Geschichtswerk (wir nehmen diesen Begriff hier im Sinne der dem Objekt Geschichte entsprechenden Wissenschaft), wenn also in einer wissenschaftlichen Darstellung der gleiche Satz stehen würde, wäre dann die Zuteilung »Roman« sinnvoll vom Standpunkt der Literaturwissenschaft und sinnvoll als zutreffender Systembegriff? Wenn man feststellt, daß es sprachlich überhaupt möglich ist, ein deiktisches Zukunftsadverb mit dem Imperfekt zusammenzustellen, was macht es dann unmöglich, dieses in einem Geschichtswerk zu tun? Z. B. eine solche Passage: »Die Bemühungen von Y führten endlich zum Erfolg und König X entschloß sich, seinen Bruder Y, an dessen Loyalität er zu zweifeln keinen Grund mehr zu haben glaubte, zu besuchen. Dieser Tag sollte jedoch von größter Bedeutung für die machtpolitischen Verhältnisse in Z werden. Es war der ... (Datum). Heute abend wollte Y...« Man könnte diese Verbindung als ›präsentes Imperfekt‹ bezeichnen, mit dem Bewußtsein historischer Fakten die sprachlogische Möglichkeit dieser Verbindung erklären. Erscheint ein solcher Ausdruck als Einleitung eines längeren Einschubes (gedacht werden kann auch die Fortführung im Präsens historicum), dann könnte man ebenso von einer ›Anekdote‹ sprechen. Damit sollte wiederum nur auf die Grenzen angeblich substantieller Unterscheidungsmöglichkeiten von Textsystemen hingewiesen werden.

Erst die quasi statistische Analyse solcher Systeme könnte über die von HAMBURGER aufgrund *eines* Satzes ausgesprochene Klassifikation entscheiden. Auch der Kontextbegriff wird in diesem Zusammenhang fragwürdig. Nicht ein *vorverständlich vorgesteller Kontextbegriff* entscheidet über Möglichkeit und Unmöglichkeit, Wirklichkeit und Nicht-Wirklichkeit von Aussagen, sondern erst die kontextlichen Beziehungen, die Analyse von den Verhältniswerten der Elemente zueinander, von Häufigkeit, Ordnung usw. HAMBURGER erweitert die These von der angeblichen Kontradiktion von deiktischer Bezeichnung und Imperfekt auch auf die Raumdarstellung der »fiktiven« Dichtung. Als Beispiel dient ihr folgender Satz aus THOMAS MANNS »Buddenbrooks«:

Durch eine Glastür, den Fenstern gegenüber blickte man in das Halbdunkel einer Säulenhalle hinaus, während sich linker Hand vom Eintretenden die hohe, weiße Flügeltür zum Speisesaale befand. An der anderen Wand aber knisterte ... der Ofen. (bei HAMBURGER zitiert, b, S. 342)

Sie sieht darin eine Beschreibung eines Zimmers, das THOMAS MANN realbekannt war, und meint, er hätte

unbewußt den Gesetzen der Erkenntnistheorie folgend, die Verhältnisangabe, die als solche real ist, auf eine reale Ich-Origo bezogen und für einen Augenblick sozusagen damit den Raum der Fiktion verlassen. (b, S. 342)

Die eigentliche Fiktion wäre nach HAMBURGER erst dann gegeben, wenn der Raum und seine Beschreibung durch die deiktische Bestimmung ›links‹ auf eine im Zimmer sitzende Person bezogen worden wären (z. B.: linker Hand von der Konsulin Buddenbrook). Dem liegt die banale Behauptung zugrunde, »hier spricht der Autor« und »hier spricht er nicht«, der INGE DIERSEN in ihrem Aufsatz die Frage entgegenhält, wer denn sonst sprechen sollte. Man fragt sich außerdem, welche räumliche Verhältnisangabe »als solche« (eben als Verhältnisangabe) nicht real ist.

Wird die Realität einer räumlichen Vorstellung nur durch die Tatsache bestimmt, daß ihr ein individuierter Raum qua Zimmer mit Mobiliar usw. zugrunde liegt, und ist die Verbindung von Gegenständen in einem Raum nur darum, weil ihre spezielle Verbindung nicht bekannt ist (wem eigentlich), Darstellung eines fiktiven Raumes? Wenn vier Begrenzungen angegeben sind, ist jeder sog. Raum identifizierbar, egal, ob sich die Verhältnisangaben auf eine reale ›Ich-Origo‹ beziehen oder auf eine der ›fiktiven‹ Personen, egal, als an welcher Stelle sich befindend man das »Orientierungszentrum« (INGARDEN) annimmt, und egal, in welche Blickrichtung die Perspektive ausgerichtet ist; die Gegenstände drehen sich um eine immer gleiche Achse, jeweils den Stellenwert um einen Platz verändernd, entsprechend den möglichen Variationen der Perspektive überhaupt.

Die von Hamburger angeführten Beispiele beziehen sich auf einen *Raum*, der durch den Begriff ›Zimmer‹ weitgehend als geometrisches Raumgebilde identifiziert ist. Etwas anderes ist demgegenüber die Verhältnisangabe von Gegenständen in diesem ›Raum‹. Da ein Zimmer als ›Raum‹ geometrisch weitgehend festgelegt ist, könnte man allgemein von einer »real-historischen« Begründung einer entsprechenden Beschreibung sprechen – sie ergibt sich aus der Kenntnis einer regelrecht üblichen Räumlichkeit ›Zimmer‹. Die Beschreibung als Individualisierung eines *ganz bestimmten Zimmers* (nehmen wir als Beispiel eine ganz bestimmte Konstellation, die TH. MANN bekannt war) betrifft dann weniger die erkenntnistheoretische Konstitution des ›Raumes‹ im weiteren Sinne des Wortes und mehr die des ›Raumes‹ im engeren Sinne, das heißt die Füllung durch einzelne Gegenstände.

Bei dem Versuch, zu unterschiedlichen Beschreibungsformen kybernetische Modelle zur Identifikation der einzelnen Elemente zu bilden, fiel auf, daß dies immer schwieriger wird, je mehr Detailangaben vorhanden sind. Nimmt man etwa die Beschreibung des

Schlosses Rheinsberg aus den »Wanderungen durch die Mark Brandenburg« von FONTANE, so zeigt sich, daß eine jeweilige Richtungsanordnung ungleich schwerer wird im Vergleich zu solchen Beschreibungen, von denen HAMBURGER sagt, sie seien nicht realhistorisch. *Einen* Grund kann man darin sehen, daß bei steigender ›Exaktheit‹, d. h. bei wachsender Vollständigkeit der einzelnen Angaben, die jeweiligen geometrischen Orte der Einzelgegenstände zu bestimmen wären, wollte man die individuelle Identifikation vornehmen (so würde etwa die Einordnung eines Gegenstandes ›Schreibtisch‹ in die übrigen bekannten Verhältnisangaben erfolgen müssen, dann wären wiederum die Gegenstände, die als sich auf ihm befindend genannt werden, in eine Richtungsanordnung zu bringen usw.).

Hier bietet sich eine sinnvolle Erklärung des Phänomens *Vergegenwärtigung* an: Es beruht auf der Möglichkeit, Leerstellen während des Lesens als Reize zur Erfüllung einer individuellen Vorstellung zu nehmen, wenn minimale oder allgemeine Angaben nur die Typik, Stimmung oder ähnliches festlegen. Die *Individualisierung* bleibt hier freie, phantastische Möglichkeit. Trotzdem kann man nicht ausschließen, daß ein irgendwie gearteter Prozeß der Parallelbahnung literarische Beschreibungen mit den entsprechenden wiederholt empirisch erfahrenen ›Wirklichkeiten‹ vergleicht. Die Reizwirkung zur persönlichen, imaginativen Vorstellung ist jedoch um so größer, je mehr *Leerstellen* vorhanden sind; sie ist um so geringer, je mehr *Bestimmtheitsstellen* und damit auch »*Unbestimmtheitsstellen*« (INGARDEN) vorhanden sind, denn die Bestimmtheitsstellen etwa des *Was* erlauben immer wieder die Frage nach dem *Wie* oder *Wo*. Das bezieht sich zunächst nur auf die kunstliterarische Beschreibung, obwohl in der sprachlichen Kompliziertheit der begrifflichen Fixierung wissenschaftlicher ›Gegenstände‹ eine Bestätigung dieser These gesehen werden kann.

Das Verfahren, nach dem HAMBURGER in diesem Zusammenhang ihre Unterscheidungen trifft, kann außerhalb der Kritik ihrer Eigenlogik und innerhalb fachgeschichtlicher Tendenzen als normierende Stellungnahme (die Disposition von Kunstliteratur betreffend) angesehen werden. Zur Verdeutlichung bietet sich hier vor allem eine Einteilung der Rhetorik in Mittel der affektiven und der intellektuellen Überredung bzw. Überzeugung an. Ohne eine endgültige Beurteilung aussprechen zu wollen, ist zu sehen, daß die klassischen ›Theorien‹ die Tendenz zeigen, der Kunstliteratur einseitig die Disposition der *affektiven, imaginativen, nicht-intellektu-*

ellen Aussage zuzuordnen. Eine Diskussion der vorgeschichtlichen Thematik bietet sich also an. Wir verweisen dafür auf die unter 2.5. angeführte Kritik der rhetorischen Belletristik. (Die in der zweiten Auflage der »Logik« vorgenommenen Veränderungen verbessern eigentlich nur das Rationalisierungsverfahren.)

2.4.2 »Iterierende Reflexion« und konstruktives Kalkül. Erwin Leibfried: Kritische Wissenschaft vom Text

LEIBFRIEDS Forderung nach »iterierender Reflexion« statt »dogmatischer Positionen« (S. 235) ist Forderung eines modernen Wissenschaftsverständnisses allgemein. Auch hier gilt es – was in anderen Zusammenhängen schon gesagt wurde –, die spezielle Problematik der Literaturwissenschaft zu berücksichtigen. Die Iteration ist der Literaturwissenschaft an sich nicht abzusprechen, nur befindet sie sich in einem Zirkel der Reflexion *dogmatischer* Positionen, solange sie nicht grundsätzlich zwischen der Theorie eines Gegenstandes ›Literatur‹ (der variabel ist) und solchen Modellen unterscheidet, die die Invariabilität im Begriff des ›Wesens‹ von Literatur dogmatisieren. Beispiele dafür finden sich auch bei LEIBFRIED; eines scheint geeignet, noch einmal den Begriff von einer *experimentellen* Literaturwissenschaft aufzunehmen.

Grundsätzlich kritisiert auch LEIBFRIED die logische Tempusanalyse von HAMBURGER. Dann ordnet er »Zeitsemanteme beim Verb« (»Exkurs über Zeitform und Perspektive«, S. 273-275) nach »Möglichkeit«, »Unsinnigkeit« und »Widersinnigkeit« des Gebrauchs. Ausdrücke wie »er kommt gestern« und »er wird gestern kommen« bestimmt er als in »allen Kontextsystemen unsinnig« bzw. »widersinnig«. Nun zeigt gerade die Diskussion der HAMBURGERschen Arbeit die Unmöglichkeit, *sprachlogische* Geltungen ohne Einschränkung auf die sprachliche Makrostruktur zu übertragen. Möglicherweise gibt es keine literarische Fixierung eines Ausdrucks »er kommt gestern«; wir fragen aber, ob ein solcher in bestimmten Systemen sinnvoll stehen könnte und ob ein solches Systemprinzip zu konstruieren ist.

Nimmt man als Beispiel folgendes Systemprinzip an: Dreiteilung durch Überschriften ›Gestern‹, ›Heute‹, ›Morgen‹; unter jeder die Wiederholung der gleichen Umgebung in wörtlich gleicher Beschreibung; eine Bezugsperson X und wiederum eine Dreiteilung der jeweiligen Empfindungswirklichkeit ein und derselben Umgebung. Damit ist die Bedingung der Möglichkeit gegeben, die Bezugsperson einzuführen mit: er kommt gestern ... oder auch: er wird gestern kommen. Das aber hieße, daß sprachlogisch für *sinnlos* genommene Ausdrücke innerhalb von Literatursystemen dann *sinnvoll* sein können, wenn der entsprechende *ästhetische Wirklichkeitskontext* geschaffen ist, d. h. die notwendige Transformation einer *sprachlogischen Realität* in eine *literarisch-logische*. Vorstellbar wäre eine kunstliterarische Aussage »er wird gestern kommen« in einem Bedeutungszusammenhang, der ausdrückt, daß jemand immer in eine Vergangenheit kommt, die keine Zukunft darstellt. Die kallistische Wertung interessiert in unserem Zusammenhang nicht, es sollte darauf hingewiesen werden, daß zwischen der typologischen Explikation von realisierten Systemprinzipien und der theoretischen Explikation des Gegenstandes Kunstliteratur überhaupt ein Unterschied besteht, der auf dem Experimentalcharakter ›Kunst‹ beruht. Solche Prinzipien sind theoretisch konstruierbar. Außerdem ist anzunehmen, daß sprachlogische Regeln sekundären theoretischen Stellenwert haben, weil Kunstprinzipien eine Bedeutungsfunktion haben *können* (nicht müssen), die die Regeln der Sprachlogik beugen kann.

Daß LEIBFRIED in solchen Zusammenhängen nicht zu eigentlich nuancierenden Bestimmungen kommt, liegt u. a. daran, daß er eine »Wissenschaft vom Text« für möglich hält, ohne die speziellen Bedingungen verschiedener Systemprinzipien, die einen Text als besonderen konstituieren, voneinander abzugrenzen. Die Vorstellung von einem möglichst *allgemeinen* Gegenstandsbegriff kann aber nicht von vorverständlicher Identität ausgehen, vielmehr müßte so weit differenziert werden, daß die jeweiligen Texte nach ihren Besonderheiten identifiziert werden könnten. Den Literaturbegriff durch den Textbegriff einfach zu ersetzen hat keine Konsequenzen. Dann ergäbe sich z. B. die Schwierigkeit, daß bei einer Gruppe künstlerischer Texte Differenzierungen in einem erweiterten Literatur-Kunst-Begriff nicht möglich wären (z. B. würde in einer Theorie des ›Dramas‹ die Relation Bühne/Schauspiel ausgeschlossen bleiben, wie bisher weitgehend die von Drama/Text). Es ist also zu relativieren: Der Gegenstand ›Kunstliteratur‹ ist ein *gesetzter*. Eine *substantielle* Ontologie sieht ihn als *wesensmäßig* bestimmt.

Die *eigentliche* Eingrenzung des Gegenstandes kann aber erst durch eine Erweiterung des Gegenstands- und Informationsraumes erfol-

Klassische Tendenzen in methoden- und systemkritischen Arbeiten

gen. Auf solche Bemühungen sind *allgemein* die erweiterten Literaturbegriffe zurückzuführen. Durch sie entsteht eine vollkommene Verwirrung in Form einer absoluten Öffnung der Begriffe, indem alles Schrifttum als Literatur und damit gleichzeitig, und das erst ist entscheidend für die Problematik, als Gegenstand im Sinne wiederum des *gesetzten* Fach- und Forschungsgegenstandes der Literaturwissenschaft genommen wird. Eine Frage wie etwa die, ob nun der Brief der Frau X als Gegenstand genommen werden soll, verdeutlicht die absolute Konfusion. Unterscheidet man grundsätzlich zwischen dem Brief der Frau X und der Einheit ›Brief‹ als möglicher Form von Literatur, so wird deutlich, daß natürlich nicht eben dieser und jener Brief den Gegenstandsbegriff der Forschung bestimmen soll, sondern diskutiert wird, daß literarisch fixierte Systemeinheiten, die *außerhalb* der Gegenstandssetzung Kunstliteratur realisierbar sind, Probleme für die Gegenstandsbestimmung im Sinne der relationsontologischen, der strukturellen und funktionellen Analyse aufgeben. Daraus ergibt sich die Notwendigkeit folgender Unterscheidung: Es gibt einen Gegenstandsbegriff der Literaturwissenschaft, der durch die *primäre* Setzung ›Kunstliteratur‹ in seiner *Zielrichtung* bestimmt sein kann. Diese, die Zielrichtung Erforschung von Kunstliteratur, kann sinnvoll nur sein, wenn es einen erweiterten, Relationen einbeziehenden Gegenstands- und Informationsraum gibt. Wir nennen diesen Raum den kybernetischen Gegenstands- und Informationsraum der Literaturwissenschaft, der neben dem gesetzten Gegenstandsraum als Horizont der wissenschaftlichen Forschungsintention vorhanden ist. Dieser Raum ist ein *mehrdimensionaler,* der durch die Beziehungen zwischen den einzelnen in ihm verbundenen Gegenständen konstruiert werden kann; die Beziehungen ergeben sich aus der jeweiligen Informationsintention der vergleichenden Analyse. Damit ergeben sich Möglichkeiten, solche problematischen Begriffe wie ›Literaturschrifttum‹ zu dimensionieren. Der Begriff ›Schrifttum‹ umfaßt als größter Einheitsbegriff alles, was aufgrund der schriftlichen Fixierung Literatur genannt werden kann. Er umfaßt es *zunächst,* um in vergleichenden Analysen zur *erweiterten* Bestimmung des wissenschaftlichen Objektes Kunstliteratur zu kommen. An dieser Stelle ist der Systembegriff einzuführen: Wenn Kunstliteratur zunächst als literarisches System im oben explizierten allgemeinen Sinn verstanden wird, gibt der erweiterte Gegenstandsraum die Möglichkeit, *Systemprinzipien von Kunstliteratur* im Zusammenhang mit Funktions*bestimmungen* vergleichend zu erarbeiten.

Grundsätzlich hat es diese Relation in der Bestimmung Kunstliteratur und Nicht-Kunstliteratur immer gegeben, nur waren die Texte des anderen Bereichs nicht als notwendig für die Konstitution des literaturwissenschaftlichen Gegenstandsbegriffs einbezogen worden.

Der u. a. von LEIBFRIED eingeführte Textbegriff ist deshalb problematisch und unzulänglich, weil er *nicht* dimensioniert wird. Als gesetzte Gegenstände der Literaturwissenschaft sind nicht alle *Texte* dem wissenschaftlichen Objektbegriff der primär zielgerichteten Arbeit zuzuordnen. Allerdings sind es alle *Systeme,* die sich in Texten äußern, alle Systeme der literarischen Mitteilung also, die unterschiedliche Systemprinzipien vorstellen. Der *Textbegriff* wäre durch den Begriff *Literatursystem* zu ersetzen. Damit ist bereits eine Dimensionierung erfolgt: Der Informations- und Gegenstandsraum läßt sich einteilen in einen allgemeinen Gegenstandsbereich Literatur qua Text als Forschungs- und damit Informations*material* und einen Gegenstand Literatur qua *System;* dieser bedeutet *insofern* eine Einschränkung, als er außerhalb der theoretischen Explikation von Systemprinzipien und Funktionen etwa nicht die Problematik einer literaturwissenschaftlichen Hermeneutik von z. B. Wissenschaftsliteratur oder Sportberichten oder sonstigem enthält. Schließlich wäre Kunstliteratur zu bestimmen als »System-System« d. h. als Komposition aus verschiedenen Systemprinzipien, als Transformation der sprachlichen Mikrostruktur (s. »System und Klassifikation«, Hrsg. A. DIEMER).

Die Einführung eines Systembegriffs für Literatur verweist noch einmal auf die Problematik von wissenschaftlicher und kunstliterarischer Aussageökonomie; der kybernetische Gegenstandsraum der Literaturwissenschaft enthält in diesem Zusammenhang auch die Dimension der *Selbstreflexion.* Für LEIBFRIED ist diese Problematik möglicherweise deshalb ausgeschlossen, weil er *kategorisch* erklärt, die menschliche Vernunft sei *polar* angelegt, und daraus schließt: »[...] Übergänge gibt es nicht.« (S. 284) Natürlich gibt es Übergänge nicht als selbsttätige entwicklungsgeschichtliche Umwandlung, als Mutation etwa von Literatur oder Literaturbegriffen; zweifellos kann man auch nicht exakt *den* Punkt bestimmen, der über die Zuordnung zum einen oder anderen Einheitsbegriff entscheidet. Eben das aber macht den ›Übergang‹ als kalkülisierenden Begriff einer Theorie notwendig, denn die sog. *Lücke,* die nicht zu bestimmende *Grenze* zwischen zwei Gruppen, entscheidet schließlich über ihre *theoretische* Zuordnung. LEIBFRIEDS Kritik an der Rede von den Übergangsformen ist u. a. auf STANZELS Regelkreis der Gattungen zu beziehen, der als Versuch eines Relationenmodells den Übergang als theoretische Grenze natürlich denken muß. Wir halten diesen Regelkreis ebenfalls nicht für einen günstigen Ausdruck der Relationen, weil er das Gattungsschema beibehält und damit die mögliche Nuancierung zwischen den drei Markierungen als sekundär ausweist: Der theoretischen Explikation kann es in diesem Zusammenhang nicht darum gehen, durch formale Zeichen eine *Sinngebung* (Regel*kreis*) auszusprechen, sondern nur darum, das Problem der Klassifikation zu verdeutlichen. Dazu kann nicht ein *Bild* ausreichend sein. Man wird Modellkonstruktionen bilden müssen, die entweder Auffassungen von Gattungs-, Literaturbegriffen usw. kennzeichnen (STANZELS Regelkreis etwa als Modell einer relativierten Gattungslehre) oder Konstruktionen sind, die zwar der Verdeutlichung dienen, aber nicht Deutungen vorverständlicher Einheitsbegriffe sind. So im Zusammenhang mit LEIBFRIEDs kategorischer Ablehnung eines Übergangsbegriffs wie folgt:

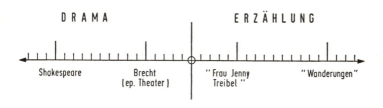

Ein solcher ›Meßstab‹ kann nicht mehr sein als ein konstruiertes Hilfsmittel, das überhaupt erst die literaturwissenschaftliche Systematik als angemessene erklärt (etwa den Begriff des ›epischen Theaters‹), und eben diese ist nur möglich durch Grenzbestimmungen, in denen ein Punkt des Übergangs *gedacht* wird als Teil eines *regulativen* Prinzips, das über Möglichkeit bzw. Unmöglichkeit der Zuordnung entscheidet. Der Richtungspfeil drückt dabei jeweils die Perspektive zur maßstäblichen Relation aus, die sowohl umgekehrt markiert als auch durch andere Relationen ersetzt werden kann. Hier zeigt sich, daß wieder der Textbegriff, wie ihn LEIBFRIED vorstellt, nicht hinreichend ist (ist ein BRECHTscher Text Drama oder Erzählung?), daß weiter solchen Übergangsbegriffen wie ›episches Theater‹ oder ›dramatische Erzählung‹ das Bewußtsein einer maßstäblichen, nicht eigentlich messenden Konstruktion zugrunde gelegt werden muß. Sieht man Literaturwissenschaft als Wissenschaft von Sprachkunst im weitesten Sinne, so gehörte z. B. der Bereich der dramaturgischen Bearbeitung, durch den etwa *Texte* der Gruppe ›Drama‹ im *Schauspiel* als Aufführung verändert werden, obwohl ihr autorisierter Text unverändert erhalten bleibt, in diesen Rahmen (Fernsehspiele nach Romanen stellen ein ähnliches Problem). Die Identität des autorisierten Textes bleibt also erhalten, *die Identität des Ordnungsbegriffs besteht in der Kenntnis um Deckungsgleichheit bzw. Ungleichheit der medialen Realisation mit der autorisierten Zuordnung des Textes.* Deshalb scheint es sinnvoller, Einheitsbegriffe von Literatur so zu differenzieren, daß sie nicht primär als Texte, sondern als funktionale Aussagen unterschiedlicher Dispositionsweisen i. w. S. gelten; daneben müßten differenzierende Einheitsbegriffe im Zusammenhang mit Prinzipien der *Untersuchungsmethode* konstatiert werden. Literatursoziologie etwa kann einerseits als literaturwissenschaftliche Methode Ähnlichkeiten zwischen den Aussagen unterschiedlicher Literatureinheiten konstatieren und muß andererseits Verschiedenheiten zwischen den Systemprinzipien feststellen, in die die Aussage gestellt ist. Methodische und klassifizierende Einheitsbegriffe bedingen sich gegenseitig: Um im Beispiel zu bleiben – wenn eine spezielle Methode der Soziologie auf Kunstliteratur angewandt ist, kann sie zu einer generalisierbaren Theorie von soziologischen Strukturen der Kunstliteratur nur *dann* führen, wenn in diesem Zusammenhang der Soziologiebegriff nicht zu einer Abblendung der Relation Aussage – Systemprinzip führt. Auch hier müßte die Dialektik von theoretischen Bestimmungen erst zu einer Theorie von Literatur geführt werden. Die »iterierende Reflexion« jeweils neuer Ansätze nur der Methode hat zur Klage über den Methoden- und Theorienpluralismus geführt; die Ursache könnte man auch hier im fehlenden konstruktiven Kalkül sehen.

2.5 Kritik der belletristischen Rhetorik

Da in dieser Arbeit keine zusammenhängende Darstellung der Barockpoetik gegeben werden kann, soll eine allgemeine Charakteristik vorhergeschickt werden. Zunächst ist festzuhalten, daß keine absolute Unterscheidung zwischen ›Beschreibung‹ und ›Erzählung‹ festzustellen ist (s. OPITZ, TITZ, HARSDÖRFFER). Die Auffassung der Barockpoetik charakterisierend, könnte man formulieren: Die sprachkünstlerische Beschreibung bzw. Erzählung ist eine Umschreibung von *Eigenschaften* oder *Wirkungen* oder *Handlungen* eines dinglichen bzw. personalen literarischen Objekts, ein rhetorisch-fiktionales *Bild,* ähnlich dem räumlich-fiktionalen Bild des Malers (fiktional im Unterschied zum real-empirisch erfahrbaren, individuellen Umweltbild und dessen jeweiligen Bestimmtheitsstellen). Dies ist die Bestimmung der ›*literarischen rhetorischen descriptio*‹.

Um die Einschränkung auf speziell literarische Formen demonstrieren zu können, muß man sie den allgemeinen Bestimmungen der Rhetorik gegenüberstellen. Das folgende Schema wurde nach LAUSBERG entwickelt.

I Zugehörigkeit	genus demonstrativum	
II eigentlicher Bereich	evidentia (descriptio)	
	epideiktisch Lob eines Einzel-Gegenstandes	narrativ Vorgangsbeschreibung
III formale Struktur	1. modus narrationis 2. Exkurs	
IV inhaltliche Struktur	amplificatio	
	ornativ affektive Verdeutlichung	semantisch intellektuelle Verdeutlichung
V Vergleichsbereich	1. similitudo 2. status finitionis 3. status qualitatis 4. locus communis	
VI Objekte	1. descriptio personarum 2. descriptio rerum 3. descriptio temporum 4. descriptio status 5. descriptio locorum	

Erläuterungen:

zu I und IV: Als demonstrierende Redeform ist die descriptio detaillierende Darstellung und gehört zu den amplifizierenden Mitteln der affektischen *und* intellektuellen Stellungnahme.

zu II: Die descriptio ist als Figur, in ihrer Gesamtstruktur also, Darstellung, die geprägt wird vom Gleichzeitigkeitserlebnis eines Gesamtgegenstandes oder Gesamtzustandes durch einen Augenzeugen. Ihrer logischen Sprachstruktur nach ist die descriptio die Diärese eines Gesamtgedankens in mehrere Teilgedanken.

zu III: Die formale Struktur ist variabel, je nach der Disposition des ›Redners‹; sie ist Art und Weise des Erzählens und kann auch als Exkurs behandelt werden.

zu V: 1. Die descriptio kann ein ausführlicher Vergleich sein. 2. Die Beschreibung ist ähnlich dem status finitionis, wenn sie z. B. Appellative wie Baum usw. definiert. Die höchste Form der rhetorischen Konkretisierung von Appellativen ist die Personifikation. Personale oder sachliche Individualitäten können als solche nicht definiert, sondern nur beschrieben werden. 3. Die Beschreibung ist ähnlich dem status qualitatis, wenn sie als epideiktische Definition die qualitative Wirkung eines Gegenstandes zur Darstellung bringt. Sowohl der status finitionis als auch der status qualitatis enthalten infinite Fragen. Die größere Ähnlichkeit der Beschreibung mit diesen Formen ist gleichzeitig eine Entfernung vom eigentlich *demonstrierenden* genus, das sich auf einen konkreten Einzelgegenstand bezieht. 4. Der locus communis, der Gemeinplatz, ist als Merkmal der Beschreibungen zu nehmen, die Finitisierung einer an sich infiniten Frage in einem Bild sind. Der locus amoenus z. B. ist finites Bild dessen, was ›anmutig‹ genannt werden kann.

Zunächst fällt die *Abblendung intellektueller* Redeformen in einer sozusagen *belletristischen* Rhetorik auf, die in der Barockpoetik entwickelt wurde und als Traditionsmodell in der literaturwissenschaftlichen Auffassung vom Erzählen eindeutig festzustellen ist. Die entsprechenden Bestimmungen der Barockpoetik gehen insgesamt von der grundsätzlichen Unterscheidung verschiedener Redeweisen aus, grenzen die dichterische ›Rede‹ von der allgemeinen Rhetorik ab. Die Unterscheidung von philosophischer, oratorischer und dichterischer Rede betrifft verschiedene werksexterne Dispositionsweisen, die die *antike* Rhetorik schon kennt, und zwar die der *intellektuellen* und die der *affektiven Verdeutlichung*. Die Barockpoetik entnimmt nur solche Möglichkeiten, die einer von vornherein als sublimiert bezeichneten Form der literarischen Rhetorik.

Kritik der belletristischen Rhetorik

entsprechen (im Unterschied zum »vulgare dicendi genus«). Die werks*externe* Disposition des Dichters wird vor allem dadurch bestimmt, daß er den Leser *unterhält* und also allenfalls unterhaltend belehrt. Zwar wird der Dichter auch als *Orator* verstanden, aber in dem bestimmten Sinn, daß er *Über*-Redner ist, indem er ›Gegenwärtigkeit‹ und ›Vergegenwärtigung‹ des Gegenstandes seiner Dichtung anstrebt. Dementsprechend stehen im Mittelpunkt solche Formen, die die Illusion der Zweckfreiheit vermitteln, Formen also der affektiven Verdeutlichung.

Wenn HAMBURGER im THOMAS MANN-Beispiel über eine erkenntnistheoretisch angeblich als realistisch zu bestimmende Darstellung urteilt, sie gehöre nicht in den Umkreis der ›fiktiven‹ Dichtung, dann grenzt sie *ähnlich wie die Barockpoetik* eine *mögliche* Form der literarischen Beschreibung in einem ausschließenden Verfahren von einer anderen möglichen Form ab. Zur Erläuterung dazu ein Beispiel, wie es HARSDÖRFFER unter der Überschrift eines Teiles »Bestehend in Poetischen Beschreibungen / verblümten Reden und Kunstzierlichen« gibt (Artikel »Garten/Gärtner«):

Der Bux führt seine Mauren ringsum das Blumenfeld / erhebet seine Tuerne / vom frühen Tau erhellt. Man siehet manche Brunnen und ihre Wasser / Schertz / die Vögel nisten hier / dort schwimmen manche Fische [...].

Zusammenfassend wird eine Bedeutung ausgesprochen:

Der Garten bedeutet eine zulaessige und Gott gefaellige Belustigung / ist das Mittel zwischen dem Feld- und Stadtleben / bringend beeder bequemlichkeit mit sich. (III, S. 214/215)

Zuordnend kann man solche ›Beschreibungen‹ als ähnlich dem status finitionis bezeichnen; sie *definieren ein Universale begrifflicher Art*. D. h., da eine individualisierte Existenz (*dieser* Garten, mit dem, was ihn von *anderen* unterscheidet oder gegenüber anderen charakterisiert) nicht zu definieren, sondern nur zu beschreiben ist, ist durch solche Bestimmungen die *individualisierende* und also die historische Darstellung aus dem Bereich der kunstliterarischen Beschreibung ausgeschlossen. *Ähnlich sind die entsprechenden Ausführungen zur absoluten Fiktivität von Dichtung zu verstehen.* Spätestens seit BRECHT ist dieser belletristische Literaturtyp als »lukullisch« im Unterschied zu Formen der intellektuellen Verdeutlichung benannt; Thema ist der Abbau der ›schönen Rede‹ (RENATE LACHMANN) auch in Deutschland seit Beginn des 19. Jahrhunderts, worin zweifellos eine Entwicklung parallel zur modernen Wissenschaftstendenz gesehen werden kann. Z. B.:

> Ich war mir und ihnen den Beweis schuldig, daß es sehr an der Zeit ist, über das Wesen der Beredsamkeit zu sprechen, da wir an der Schwelle eines Jahrhunderts stehn, mit welchem sich ein ganz neues oder vielmehr das ganz alte Feld der Beredsamkeit eröffnet: ich glaube nicht, daß man mit den gewöhnlichen Tugenden einer fertigen Feder, eines gewählten Ausdrucks, eines sogenannten blühenden Stils durch dieses Jahrhundert hindurch kommt; [...] (ADAM MÜLLER: Zwölf Reden ..., S. 61)

Bei MÜLLER, HEINE, auch bei RAABE wird die ›literarische Rhetorik‹ immer auf dem Hintergrund der Demokratiediskussion als reformbedürftig angesehen.

Am Modell der sogenannten ›rhetorischen descriptio‹ zeigt sich das Verfahren, eine *sublime* Form des Erzählens vom Begriff der narratio überhaupt abzugrenzen, eine *poetisch-literarische* Redekunst den Bedingungen und Bestimmungen der Rhetorik überzuordnen und eine, verschiedene Möglichkeiten der Realisation umfassende rhetorische descriptio in eine *allgemeine* und eine *poetisch-normierte* zu trennen. Die Kritik gilt in diesem Zusammenhang nicht den historisch bedingten Bestimmungen der Barockpoetik, sondern dem Traditionsmechanismus.

2.6 Fachgeschichtliche Modelle als Begründung einer Transformation der Erzähltheorie

Die Kritik der literaturwissenschaftlichen Theorie zeigte bisher die Tradierung von historischen Bevorzugungssystemen unter Auslassung der notwendigen entwicklungsgeschichtlichen Analyse. Es ist jedoch transparent zu machen, daß als modern zu verstehende Tendenzen bereits in der vorgeschichtlichen Reflexion der Thematik festzustellen sind.

Wir benutzen zwei Beispiele aus der Entwicklungsgeschichte der Poetologie unter zwei verschiedenen Aspekten: Die »Vollstaendige Deutsche Poesie« von ALBRECHT CHRISTIAN ROTTH, um eine Form der analytischen Ordnung von Gegenständen zu demonstrieren; die Arbeiten von BODMER und BREITINGER, um zu demonstrieren, daß es eine phänomenologische Phase der Poetik gegeben hat, die sich durch eine größere *theoretische Wissenschaftlichkeit*

auszeichnet als die meisten neuen literaturwissenschaftlichen Arbeiten. (Die Explikation dieser Arbeiten ist nach dem vorgestellten Verfahren der kritischen Bearbeitung erfolgt, es geht auch hier in erster Linie darum festzustellen, welche Bestimmungen möglicherweise unter dem Aspekt moderner Wissenschaftlichkeit als generalisierbare genommen werden können.)
Auffallend an ROTTHS Verfahren ist vor allem eine Relationen herstellende, Ähnlichkeit und Verschiedenheit gleichermaßen konstatierende Analyse. ROTTH unterscheidet z. B. ein »substantia sua fictum« als etwas, was *von Natur aus nicht sein kann,* und ein »per accidens fictum« als eine nicht individuierte, aber *mögliche* Wirklichkeit. Beide Typen gelten sowohl für die »fictio actiorum« als auch für die »fictio rerum« (II, S. 17).

Die ficto rerum wird wieder getheilet / in fictionem *propriam* / und / *metaphoricam* / Die *propria* ist nichts anderes als ein erdachtes Bild desjenigen Dinges / so zwar niemahl gewesen ist / jedoch wohl hat seyn koennen / wie es abgebildet wird.
Die *metaphorische* aber ist ein solches ersonnenes Bild / das eine Sache / so ihm gantz ungleich ist / fuegirlich andeutet. (II, S. 18)

Diese Begrifflichkeit zu ›Fiktion‹ ist rückführbar auf das Verständnis vom ›gemachten Kunstwerk‹; durch Eigenschaftswörter wie ›bilden‹, ›formen‹, ›sich vorstellen‹ usw. werden Wirklichkeit und Kunstcharakter in Relation gebracht. Ähnlich sind ROTTHS Bestimmungen zu Beschreibungs- und Erzählungsbegriffen.

Was die *Beschreibungen* anlanget / so werden so wohl Personen als Thaten / als auch andere Sachen beschrieben nach ihren *Qualitaeten* und Eigenschafften. (II, S. 38)

Diese Bestimmung ist dem Bereich der ›Erfindung‹ der Sachen zuzuordnen (inventio), d. h. also der Konstitution des literarischen Gegenstandes im Zusammenhang mit möglichen Vor-Bildern. Wir sagten bereits an anderer Stelle, daß eine Systemanalyse der Einheit ›Erzählung‹ von einer solchen komplementären Begrifflichkeit von Beschreibung - Erzählung auszugehen habe, wenn sinnvolle Systembestimmungen möglich gemacht werden sollen. Im III. Teil der »Poesie«, unter dem Titel »Von der Beschreibung« (S. 177 ff.), wird der Elementbegriff ›Beschreibung‹ aus dem Einheitsbegriff ›Erzählung‹ deduziert.

Man beschreibet aber entweder eine Person / oder eine That / oder sonst eine Sache. (III, S. 177)

Denn die Erzehlung einer That und Beschreibung derselben kommen mit einander ueberein. Es sey denn / daß man dieselbe nur von den Eigenschafften und Wirckungen beschreiben wolte: Denn alsdenn gehoeret es zur Beschreibung derjenigen Dinge / die von der That und den Personen unterschieden werden. (III, S. 177/178)

Hier trifft ROTTH die Unterscheidung zwischen der Beschreibung als Erzählen überhaupt und der exkursiven, *demonstrierenden* Beschreibung eines einzelnen Gegenstandes, die der *Verdeutlichung* dient. Von ihr kann man sagen, daß sie Auskunft über die *Funktion* im ganzheitlichen Stützungszusammenhang gibt. Nach ROTTH ist der demonstrative Sachcharakter sowohl bei ›Taten‹ als auch bei Personen, als auch bei den eigentlichen, d. h. dinglichen Sachen möglich, wenn sie entsprechend verdeutlichend beschrieben werden. Man könnte sagen, daß in solchen Bestimmungen die konstitutiven Merkmale des sogenannten ›Berichts‹ von der sogenannten ›Beschreibung‹ unterschieden werden. Im gleichen Zusammenhang sagt ROTTH:

Wenn aber der Inhalt der Rede nicht in eine solche Frage kan gezogen werden / [eine Frage, die mit ja oder nein beantwortet werden kann, und die nach ROTTH Merkmal des ›thema compositum‹ ist, eines solchen offenbar, das als Vergleich o. ä. ein Urteil zuläßt] sondern ich frage nur die Umstaende: quis, quid, ubi, quibus auxiliis, cur, quomodo, quando [...] so ist / wenn ein iedweder Umstand vor sich betrachtet wird / nichts anders vorhanden als eine einzelne Beschreibung dieses oder jenes Dinges / werden sie aber Zusammen angesehen / so laufft es auff eine Erzehlung hinaus. [beides ›thema simplex‹] (III, S. 4)

›Erzählung‹ und ›Beschreibung‹ sind hier auf einer gleichen bzw. ähnlichen Begriffsebene lokalisiert; die Topologie bezeichnet ihre *logische* Relation: die der konstruktiven Elementarstruktur zum System besteht in der Polarität von Summe und analytisch zu bestimmenden Teilen. Hierzu bieten BODMERS und BREITINGERS Arbeiten noch weitere zu diskutierende Positionen. Auch BREITINGER unterscheidet Beschreibung als Modus der »Poesie« überhaupt vom Systemelement, bestimmt erstens »Poesie« als »beständige und weitläuftige Mahlerey«, zweitens »poetische Mahlerey-Kunst« in »eingeschränkterer Bedeutung« (Critische Dichtkunst, Bd. 1, S. 12 f.). Der kritische Rationalismus BREITINGERS bietet durchaus Ansätze zu einer philosophisch-analytischen Kunsttheorie, natürlich im entsprechenden begrifflichen Umkreis der Zeit. So unterscheidet er zunächst die relativ direktere Wirkung des gemalten Bildes über das Auge auf das »Gemüth« von der relativ indirekteren des Wortes über die »Einbildung« auf die synthetisierende Vernunft (I,

S. 15 bzw. 19), was man verstehen könnte als historische Ablehnung einer vereinfachten Widerspiegelungstheorie.

[...] es koemmt nur dem Verstande und nicht den Sinnen zu, die Begriffe, welche die Worte vorstellen, zu vernehmen, loßzuwickeln und mit einander zu verbinden. (I, S. 20)

BREITINGER betrachtet – so könnte man meinen – auf der Grundlage dieser Bestimmungen das Verhältnis von Dichtung und Natur (wir benutzen im folgenden diese Originalbegriffe nur unter der grundsätzlichen Einschränkung, daß sie klassischen Verständnissen zuzuordnen sind; ›Natur‹ etwa hier als relativ zu nehmender Begriff von ›Wirklichkeit‹) als Relation von Potenz und Akt, Form und Materie. Dichtung ist Darstellung einer »Welt der möglichen Dinge« und unterscheidet sich dadurch von der Geschichtsschreibung.

Denn ich darf vor gewiß setzen, daß die Dicht-Kunst insoferne sie von der Historie unterschieden ist, ihre Originale und die Materie ihrer Nachahmung nicht so fast aus der gegenwärtigen als vielmehr aus der Welt der möglichen Dinge entlehnen müsse. (I, S. 57)

Welche aktuellen Parallelen sich anbieten, zeigt der Satz, daß »dieser Zusammenhang der würcklichen Dinge, die wir die gegenwärtige Welt nennen, nicht lediglich notwendig ist, und unendlich könnte verändert werden, [...].« Damit ist ein dogmatisch - empiristischer Nachahmungsbegriff ausgeschlossen. Ähnlich schließt BREITINGER einen dogmatischen Rationalismus aus (I, S. 55/56). (Siehe die Hypothese von einer denkbar-möglichen Welt, in der die bestehenden naturwissenschaftlichen Gesetze nicht gelten würden – STEGMÜLLER: »Probleme und Resultate der Wissenschaftstheorie«; auch die kritische marxistische Bestimmung von Literatur als Real-Utopie).

Die *idealistische* Annahme der »unsichtbaren Welt« wird durch den Begriff der Erfindung so weit relativiert, daß auch die substantielle ›Fiktion‹ als nur dann für literarisch realisierbar genommen wird, wenn sie auf wirkliche oder mögliche Erfahrung rückführbar ist.

Ähnlich sind BREITINGERS Bestimmungen zu dem Bereich, den wir bereits als rational-logische Integration angesprochen haben.

Wie nun eines Theils die poetische Vorstellung eben dadurch wunderbar wird, daß sie die Natur in dem möglichen nachahmt, [...] also lieget andern Theils der Grund ihrer Wahrscheinlichkeit darinnen, daß die

Dichtung, wenn sie die Natur in dem Möglichen nachahmen will, den Stof und die Materie aus der Welt der würcklichen Dinge entlehnen muß; [...] (I, S. 272)

Auf diesem materialen Gegründetsein in unseren Raum- und Zeitbegriffen beruht die Wahrscheinlichkeit der formal-möglichen Welt. Die Welt der möglichen Dinge bestimmt BREITINGER als Welt der Begriffe und Vorstellungen, als gedanklich mögliches »Welt-Gebäude«. Die Kunstwelt ist für ihn weder Abbild einer an sich idealen Wirklichkeit (siehe GOTTSCHED) noch idealisierende Vervollständigung der Realität (siehe Barockpoetik), sondern Abstraktion der ›Phantasie‹. Die Konstitution der literarisch dargestellten Wirklichkeit stellt sich in diesem Zusammenhang als Verstandesleistung in synthetisierenden Begriffen dar, die ›Fiktion‹ ist demnach genauso Wirklichkeitsaussage wie andere, den gleichen logischen Bedingungen unterliegende sprachliche Äußerungen. In diesem Sinne bestimmt er die Funktion von Literatur und ihrer Aussage so, daß »das Ergetzen nicht von derselben [der Nachahmung der Materie] entspringt, sondern von der Gewahrwerdung im Ueberlegen, daß dieses Ding eben dasselbe ist, also daß wir etwas lernen können« (S. 71). Als Transformation der Wirklichkeit setzt der literarische Entwurf selbst also schon die *intellektuelle* Rezeption voraus. Parallel zur antiken Rhetorik ist Dichtung bei BREITINGER bestimmt als Darstellung dessen, worüber man reden kann, die ›Sachen‹ erscheinen als *objektives Wissen* oder als *Vorstellung*.

Dieser Versuch BREITINGERS (und auch BODMERS, der in den von ihm herausgegebenen Schriften zu ähnlichen Bestimmungen kommt), eine Philosophie der literarischen *ästhetischen* Wirklichkeit im wissenschaftlichen Sinn zu leisten, ist in seinen wissenschaftlichen Tendenzen modernen Verständnissen näher als die derzeit für gültig genommenen theoriebildenden Modelle. Nähme man die bisher besprochenen Ableitungen als Bestimmung eines Beschreibungsbegriffs im weiteren Sinne, als Modus der literarischen Erzählung überhaupt, so ließe sich dieser zusammenfassend wie folgt charakterisieren: Die dichterische Beschreibung im weiteren Sinne des Wortes unterliegt als intellektuelle Leistung den Bedingungen der Konstitution von Gegenständen in Begriffen.

Die Beschreibung im *engeren* Sinne bestimmt BREITINGER als unterschieden in eine »poetische Schilderey« und eine »eigentlich sogenannte Beschreibung« (I, S. 47). Die zweite hat die Absicht, »den Verstand zu erleuchten«, indem sie »die Natur der Sache nach ihren wesentlichen Eigenschaften und bekanntesten Umständen« erklärt (I, S. 47). Dies ist die Beschreibung der Philosophen und Geschichtsschreiber. Die Geschichtsschreibung bestimmt BREITINGER als Augenzeugenbericht durch die direkte Wissensvermittlung, sie »suchet als eine Zeugin von der Wahrheit zu unterrichten; die Poesie aber als eine Kunstvolle Zauberin auf eine sinnliche und eine unschuldig ergezende Weise zu täuschen« (I, S. 33). Hier bleibt er also im Bereich der belletristischen Einschränkung. Aus dem Begriff der Täuschung ergeben sich aber Unterschiede sowohl zu einem naiven *Literaturrealismus* als auch zu einem naiven *Literaturidealismus* der Kunsttheorie.

BREITINGERs Überlegungen liegt folgendes Dreierschema zugrunde, in dem Dichtung mit der darstellenden Kunst und der literarischen Didaktik verglichen wird:

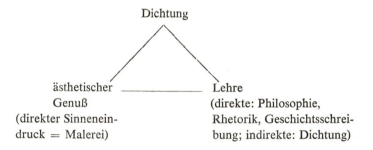

In *Abgrenzung* zur direkten Didaktik hat Dichtung nach BREITINGER ein solches Dispositionsprinzip, das man mit dem Begriff der *pädagogischen* ›Täuschung‹ bezeichnen könnte. Es geht zurück auf die *traditionelle* Synthese von prodesse et delectare. Die Wissensvermittlung auf »ergetzende« Weise nennt BREITINGER »Vorstellung abgezogener Wahrheiten unter sinnlichen Bildern und Gleichnissen« (I, S. 8), er schließt nur »einige allgemeine und abgezogene Wahrheiten und Begriffe, die alleine dem reinen und von den Sinnen gantz abgekehrten Verstand vernehmlich sind, von der Nachahmung der Poesie« aus (I, S. 54).

Außerdem beschreibt er eine Art der ›Täuschung‹, die der Wortbeschreibung immanent ist, *strukturell bestimmend* für *literarisches* im Gegensatz zu *bildendem* Beschreiben. Diese könnte man mit dem Begriff der *ästhetischen* (sinnlichen) ›Täuschung‹ umschreiben, sie bezeichnet die literarische »Copie« im Gegensatz zur sinnlich nachahmenden und material bildenden Beschreibung. Wenn BREITINGER sagt, die literarische Beschreibung stelle nicht den Gegenstand selbst in seinem Seinscharakter dar, sondern nur seine Wirkungen, so meint er damit nicht die Empfindung, die affektive Wirkung und Gemütsbewegung, sondern die kategoriale Beschreibung der dem Gegenstand zugehörenden Eigenschaften. Wirkung ist gebraucht im Sinne von Urteil über, Vorstellung von. Dementsprechend bezeichnet er im Gegensatz zu HAMBURGER das Phänomen der ›Vergegenwärtigung‹ mit dem Begriff »evidentia«, versteht es als Anschaulichkeit im Sinne von intellektueller Gegenwärtigkeit (natürlich sind das Ableitungen, die bei ihm nicht explizit vorhanden sind). Sowohl die ›pädagogische‹ als auch die ›ästhetische Täuschung‹ werden in der dichterischen Disposition durch das »Sinnlich-Machen« der Rede durch Bilder erreicht, so daß noch von einer dritten Form, der *rhetorischen ›Täuschung‹*, gesprochen werden könnte.

[...] dem Redner und dem Poeten, der sich statt der Farben der Wörter bedienen muß, [ist es] nicht vergönnet, durch seine Vorstellungen unmittelbar auf die aeusserlichen Sinnen zu würcken; (I, S. 31)

BREITINGER spricht in diesem Zusammenhang zwar von Affekt, vom »erregten Gemüthe«, aber darüber hinaus versucht er dieses als *erkenntnistheoretisches* Phänomen zu erklären. Die affektive Wirkung beruht einerseits auf der ästhetischen Täuschung, daß nämlich der Leser die *scheinbar malerischen Bilder* nicht als *Begriffe* ansieht, und andererseits auf der rhetorischen Täuschung, die in einer scheinbaren *Nachempfindung der sinnlichen Eindrücke des Gegenstandes* besteht, wo es sich nur darum handelt, *deren Begriffe zu entwickeln,* nämlich in »der Gewahrwerdung im Überlegen, daß dieses Ding eben dasselbe ist, also daß wir etwas lernen können« (I, S. 71). Mit zum Begriff der rhetorischen Täuschung gehört noch etwas anderes:

Die Natur und der geschickt nachahmende Mahler legen ihre schon verfertigten vollständigen Wercke auf einmal zur Schaue vor, müssen aber der Fähigkeit des Zuschauers überlassen, was für einen Eindruck dieselben auf sein Gemüthe machen: Hingegen sind die Gemählde der Poesie immer mit einem lehrreichen Unterrichte vergesellschaftet, sie geben Anweisung, wie man die Sachen von Stücke zu Stücke mit Vernunft und Überlegung anschauen soll; der poetische Mahler hat auch die Würkkung seiner Gemählde in seiner Gewalt, und regiert dieselbe nach seinem Belieben, so daß sich der Leser solcher nicht erwehren kan. (I, S. 27 f.)

Die rhetorisch-ästhetische Täuschung beruht also darauf, daß der Dichter *scheinbar* Bilder vermittelt, in *Wirklichkeit jedoch immer,* auch da, wo sein Systemprinzip das verschleiert, *intellektuelle An-*

sichten parat hält (siehe ROMAN INGARDEN). Durch dieses Parathalten von Ansichten bleibt der Dichter »allezeit Meister, den Eindruck, den jeder Zug seiner Schilderey verursachen soll, auf denjenigen Grad zu erhöhen, und auf diese Weise zu mäßigen, wie es seiner Hauptabsicht vorträglich seyn kan« (I, S. 23).

Folgendes Schema kann die von BREITINGER behandelten Ebenen verdeutlichen:

pädagogische Täuschung	prodesse delectare	Dichter Leser	Disposition
ästhetische Täuschung	Konstitution Nachahmung von Wirkungen Erkennen Nachahmung der Konstitution	Dichter Leser	Phänomenologie der Erkenntnis
rhetorische Täuschung	Bildlichkeit = Beschreibung Phantasie = Vorstellung	Dichter Leser	Beredsamkeit

Ohne Explikation wird dadurch der Vergleich mit HAMBURGERS System möglich. Die Relationen von Wirklichkeit und »Copie« bzw. Fiktion sind bei BREITINGER komplexer bestimmt. Diese Relation wird durch drei zusammenfassende Punkte bestimmt: die Wirklichkeit, das Neue und das Wunderbare als äußerste Grenze des Neuen. Obwohl BREITINGER von einem rein belletristischen Einheitsbegriff von Literatur ausgeht, sind seine Bestimmungen relationsontologische und funktionsontologische.

Das Neue nennt er die »Urquelle aller poetischen Schönheit« (I, S. 129), dieses ist aber nun weder absolute Alltäglichkeit noch absolute Fiktion, sondern Evidenz des Neuen in der Alltäglichkeit; und eben dies macht nach BREITINGER den Wirklichkeitscharakter von Dichtung aus (siehe die neuere Innovationstheorie).

Diese verwundersame Neuheit in den Vorstellungen lieget demnach eigentlich nicht in denen Sachen, die uns vorgestellet werden, sondern in den Begriffen dessen, der von einer Vorstellung nach seiner Empfindung urtheilet; (I, S. 123)

[...] nicht in den Sachen selbst, [...] sondern in dem Urtheil der Menschen nach dem ungleichen Maasse ihrer Erkänntniß [...]. (I, S. 124)

Entsprechend diesen Bestimmungen unterscheidet BREITINGER drei Formen der *Relation* von Wirklichkeit und »Copie«. Alle dienen dazu, daß die »bekanntesten Phänomene aus der *materialischen Welt,* [...] wunderbar« vorgestellt werden (I, S. 299 f.).

1. Die *kopierende Darstellung der echten Sinnestäuschung* beruht auf einer Abstraktion vom Wissen. BREITINGER führt als Beispiel den Sonnenaufgang aus dem Meer an, wo Glut und Flut als widersinnige Begriffe durch die Kopie des ersten Sehens tatsächlich gegeben sind.

2. Die kopierende Darstellung der *mechanischen Sinnestäuschung* beruht auf einer Verschiebung der Größenperspektive, wie sie durch mechanische Hilfsmittel (Vergrößerungsglas usw.) hervorgerufen wird.

3. *Die kopierende Darstellung affektiver Konstitution von Wirklichkeit* beruht auf einer Relation zwischen der Intentionalität eines Orientierungszentrums und dem Gegenstand, die reale raumzeitliche Maßstäbe erlebend verändert.

Da nun der Dichter den Leser für das »Schicksal seiner Personen« (I, S. 309) einnehmen muß, kann er »die Sachen nicht immer in ihrer wahren und natürlichen Größe vorstellen, wie sie demjenigen vorkommen, der keinen Antheil an einer Begebenheit hat, sondern er muß sie nach dem Maasse künstlich vergrößern oder verringern, wie sie denen Personen, für die er seine Leser einnehmen will, nach ihrem Gemüthes-Zustande wahrscheinlicher Weise vorkommen mußten« (I, S. 309 f.). Dabei erstellt BREITINGER sozusagen eine Phänomenologie dessen, was HERMAN MEYER die »Affinität« der nicht eigentlich dem epischen Zeitverlauf unterworfenen Elemente zum Epischen nennt; funktionsanalytische Untersuchungen von Wirklichkeitsbildern in der Literatur könnten von ähnlichen Differenzierungen ausgehen. BREITINGER bestimmt die Relation von literarischem Gegenstand und literarischer Person durch Passivität, die Akte der Beziehung werden durch Dichter und Leser vorgenommen. Das läßt sich durch folgendes Schema darstellen:

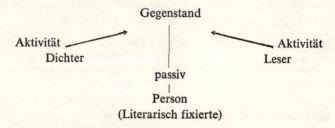

Es geht also darum, daß der Leser aktualisierte Passivität wiederum aktualisiert. Dieser Vorgang beruht auf der *intellektuellen Aktivität* von Dichter und Leser. Hierbei unterscheidet BREITINGER verschiedene Arten der Bezugsetzung zwischen *dinglichem* und *personalem* literarischen Objekt. Die Perspektive der »Erweiterung« besteht darin, »die Sachen gantz nahe zu dem Auge des Lesers herbeyzubringen und ihn so lange bey der Betrachtung derselben aufzuhalten, bis er sie um und an nach ihrem Werth und ihrer Grösse beschauet hat; [...]« (I, S. 399). Ihr Ziel ist eine geistige Erweiterung, die BREITINGER »Vermehrung« nennt, die also aufgrund der an sich intellektuellen Passivität (nicht realhistorische Entwicklungsgeschichte) der literarischen Person auf den Leser bezogen ist. Entsprechend lassen sich Perspektiven der Verkleinerung und der Hyperbolik feststellen. Die Hyperbolik ist Ausdruck einer Anteilnahme des Dichters und seiner Disposition mit Blick auf den Leser, sie verändert die perspektivischen Eigenschaften eines Gegenstandes direkt. Außerdem kann man Formen unterschieden *sehen,* die wiederum indirekt durch die Aktivität des Lesers wirksam werden:

Gleichwie die Furcht das vergangene und das zukünftige Uebel, also siehet hingegen die Traurigkeit das gegenwärtige immer vor grösser an, als es an sich selbst ist; [...]. (I, S. 312 f.)

Beides kann *intensivierende* Beschreibung genannt werden in bezug auf die Geschichtlichkeit eines Gegenstandes. Demnach unterscheidet BREITINGER Aktualisierungsformen der Beschreibung: Die Aktualisierung etwa der affektive Bezüge intendierenden Darstellung verhält sich zur mechanischen Perspektivenverschiebung wie Erlebnis und Wahrnehmung. In Anlehnung an HUSSERL könnte man die intensivierende Beschreibung als ›*Ressentiment*‹ bezeichnen. Ihre Struktur wird als dynamische aktualisiert, weil sie durch das Erleben geprägt ist, das in einer bestimmten zeitlichen Situation jeweils andere Gesichtspunkte in den Vordergrund stellt. Sie verhält sich zur als ›statisch‹ aktualisierten Beschreibung wie die perzipierte zur apperzipierten Wirklichkeit.

Zu 2. kann man die von HUSSERL für die Inaktualitäten des Bewußtseins angeführten Begriffe wie ›Hintergrund‹, ›Hof‹, ›Horizont‹, Gliederung nach Nähe und Ferne usw. benutzen. Dagegen ist die dritte Möglichkeit nicht mit maßstäblichen Bestimmungen zu erfassen, weil sie nicht Räumlichkeit, sondern Zeitlichkeit intensiviert. Das drückt sich bei BREITINGER annähernd durch die Begriffe ›Zuneigung‹, ›Abneigung‹, ›Furcht‹ und ›Traurigkeit‹ aus, die einen Gegenstand indirekt durch seine Bedeutung in der Zeit verändern. Demnach unterscheidet Breitinger also eigentlich eine retendierende und eine protendierende Bedeutungsverschiebung. Beide sind Phänomene der Zeitdauer, die die Zeitfolge in einem Augenblick und an einer Stelle identifiziert. Diese – man könnte sagen – ›ästhetischen Gefühle‹ fühlt kein literarisches Subjekt, sondern sie werden durch den Leser als solche aktualisiert. Allerdings bedarf dies der paratgehaltenen Evidenz durch den Autor.

Die Möglichkeit, durch eine Analyse, die moderne Tendenzen dort expliziert, wo dies sinnvoll möglich ist, fachgeschichtlich latentes Wissen durch aktuelle Begriffe wirksam zu machen, ist auch in der Literaturwissenschaft gegeben. Das verweist noch einmal auf die Notwendigkeit einer Systematik unter wissenschaftstheoretischen Ordnungsbegriffen. Innerhalb der besprochenen Arbeiten zum Umkreis Erzählung fällt gerade im Gegensatz zum eben besprochenen System eine formal-theoretische Einseitigkeit auf, die in den Arbeiten von Petsch, Meyer und Lämmert zweifellos durch die Beschränkung auf eine zirkulare strukturalistische Analyse zurückzuführen ist, die die Voraussetzung des autonomen Kunstwerks impliziert.

Diese Arbeit endet aufgrund ihrer methodisch-notwendigen Abblendungen in einer Phase, in der in den beschriebenen strukturalistischen und logischen Systemen (das bezeichnet an dieser Stelle die jeweiligen Inhalte ›Struktur‹ und ›Logik‹ der Dichtung) die Bestimmungen zu den typologischen Formen beginnen (siehe auch Stanzels und Friedemanns Arbeiten zur Erzählperspektive, zu Erzählhaltungen); das bedeutet nicht die Forderung nach einer diese Analyse ausschließenden Methode, sondern ist nur Beschränkung auf die zunächst notwendigen vorbereitenden Verständnisse; ein System auszuführen, war für diese Arbeit nicht geplant, die entsprechenden weiterführenden Untersuchungen müßten sich natürlich auch auf die Formen und Inhalte konstatierende Typologie erstrecken.

2.7 Diskussion

2.7.1 Puristische Erzähldoktrin und Strukturalismus

Aufgrund der im ersten Teil erwogenen Bestimmung des literaturwissenschaftlichen Gegenstandes als Reale scheint der Strukturbegriff besonders wichtig.
Der Strukturalismus, der scheinbar seit den 50er Jahren verstärkten Einfluß auf die literaturwissenschaftliche Typologie gewann, ist in der Erzähltheorie nicht als eigentlicher Strukturalismus zu nehmen. Der Strukturalismus im Umkreis unseres Themas führt nicht zu einer brauchbaren Theorie. Historisch manifeste Positionen werden durch die *Methode* (der Strukturanalyse) allein nicht wesentlich verändert. Schließlich ist zu erwähnen, daß die weitgehend fehlende Klärung von methodischen Vorverständnissen literaturwissenschaftlicher Arbeiten diese aus dem Kommunikationssystem mit Bereichswissenschaften heraushält, wodurch explizite Vergleichspositionen entfallen.
Da es aber mehr um den Nachweis einer wie vorher charakterisierten Literaturwissenschaft ging, ist die Frage der konkreten methodischen Zuordnung zweitrangig. Wir fassen unter den vorläufigen Begriff ›Strukturalismus‹ Arbeiten der ersten Gruppe, versuchen allerdings zusammenfassend zu diskutieren, wie wenig an für eine Theorie relevanten Strukturbestimmungen sie liefern, und ordnen sie insgesamt einem Prinzip der Struktur*negation* zu, welches vor allem im Zusammenhang mit den konkurrierenden Erzählauffassungen auffällt. Unter den Begriff der *abstrakten Strukturnegation* kann auch die Arbeit Hamburgers eingeordnet werden. Die klassische literaturtheoretische Analyse ist gekennzeichnet durch eine Tendenz zur absoluten Anwendung von einzelnen, als wesenhaft postulierten Strukturen, die notwendigerweise eine Abblendung anderer zur Folge hat; in Konkurrenzmeinungen zeigt sich das gleiche System, wenn nur die Stellenwerte der Behauptungen umgetauscht werden. Sie wurden nach dem jeweils vorrangig vertretenen Strukturbild unterschieden.

2.7.1.1 Zum Systemtyp des ›Strukturalismus‹ der Erzähltheorie

Der literaturwissenschaftliche Strukturalismus zeigt sich der kritischen Analyse als Formalbeschreibung der erzählenden Literatur durch eine Skala von Strukturen, die als Elemente einer Gattung untereinander beziehentlich geordnet werden, aber unbestimmbar bleiben, weil sie in eine imaginierte höhere Sinndynamik gestellt werden. Die Vermischung von Systemanalyse und klassischer Gebildetypologie hat ein Schwanken ebenfalls der theoretischen Aussagen zwischen analytischer Diskussion und voluntaristischer Kunstlehre zur Folge. Was sich hierbei als Strukturtheorie darstellt, ist problematisch. Zwar sind deren theoretische Äquivalente scheinbar problemlos, aber nur scheinbar, weil sie nicht als Probleme angegangen werden. Es gibt kaum explizierte Bestimmungen der Strukturbegriffe – z. B. ist eine ›Beschreibung‹ eine ›Beschreibung‹ im gleichen Sinne, wie ein Name eine Person identifiziert –, was um so problematischer ist, als neben der unbestimmten neuen Begriffsbeziehung ›Struktur‹ oder ›Bauform‹ ein umfassendes Repertoire von traditionellen Bestimmungen unterschiedlicher Herkunft mitschwingt.

Selbst wenn der Bearbeiter ein vorgestelltes Verständnis entschlüsseln und mit einer entsprechenden Quelle vergleichen kann, ist damit weder die Tatsache des Traditions*mechanismus* noch die der primären Informationsverweigerung aufgehoben. Sich mit literaturwissenschaftlichen Arbeiten auch dieses Umkreises zu beschäftigen fordert den Nachvollzug der Entwicklungsgeschichte in Quellen und Bearbeitungen, um systemimmanente Ergebnisse verfolgen zu können. Die von H. KREUZER in »Mathematik und Dichtung« aufgestellte Forderung, systemimmanente Kritik habe ohne Kontext, ohne Diskussion der geschichtlichen Voraussetzungen auszukommen, ist in diesem Zusammenhang utopisch, es sei denn, man würde sich darauf beschränken, im Verzicht auf Kritik Kritik zu üben. Gerade das aber würde den Zirkel schließen.

Die scheinbare Problemlosigkeit der Begriffe im Zusammenhang mit einem modernen Strukturverständnis ist symptomatisch für einen vereinfachenden *Begriffsrealismus,* der zum Teil auf der vom zeitgenössischen Blickpunkt her unkritischen Adaption historischer Quellen beruht, zum Teil auf einer allgemeinsprachlich-vorurteilenden Identifizierung des Bezeichneten mit einer gängigen Bezeichnung und deren charakteristischen Bedeutungen. Das ließ sich durch die Überprüfung von Begriffen wie ›Beschreibung‹ und ›Er-

zählung‹ in den Literaturtheorien dieser Zeit oder Herkunft nachvollziehen. Im allgemeinen bezeichnete ›Beschreibung‹ die Darstellung statischer Gegenstände usw., ›Erzählung‹ bzw. ›Bericht‹ die Darstellung von Handlungen, als Zwischenbegriff gibt es den ›Zustandsbericht‹. Die Begriffe sind also im Zusammenhang mit Inhalten der Darstellung geprägt, den Darstellungs*modus* der sprachlichen Form bezeichnen sie kaum.
Aus der Bezeichnung von inhaltlichen Kriterien durch die Begriffe – die sich vor allem im Zusammenhang mit LESSINGS Unterscheidung von Raumkunst und Zeitkunst manifestiert – ergibt sich als theoretische Aussage die primäre Identifizierung der Gattung ›Erzählung‹, i. w. S. von epischer Einheit Literatur, mit einer Darstellungs*qualität* ›Erzählung‹, die aber nicht weiter bestimmt ist als durch die Darstellung von Handlung, Geschehen usw. Die ›Beschreibung‹ ist charakterisiert als eigentlich unepische, da nicht urepische Form, obwohl eine epische Beschreibung von unepischen Formen des Beschreibens nicht explizit unterschieden wird; demnach wird ein vorverständlicher Begriff sowohl der Erzählung als auch der Beschreibung und anderer Bauformen benutzt. Neben der traditionellen Übernahme einer Kunst-Gattung ›*Handlungs-Erzählung*‹ findet sich die vorverständliche Übernahme ausgerechnet des Beschreibungsbegriffs der *didaktischen* Mitteilungsformen (unepisch, statisch, malend).
Die unproblematische Anwendung der Begriffe zeigt sich darin, daß (aufgrund der nur vorverständlichen Unterscheidung) *Verschiedenheit* der Strukturen ausschließlich vorgestellt wird. Erzählung als Idealtyp der Gattung ist dialogische und monologische Handlungsdarstellung, wobei Elemente wie ›Beschreibung‹ (auch ›Reflexion‹) theoretisch nicht als ›Erzählen‹ genommen werden. *Integration* bedeutet in diesem Zusammenhang *Subordination,* wenn die Existenz von a priori im epischen Zustand befindlichen Formen angenommen wird. Überhaupt ist der Begriff ›episch‹ kaum noch als Oberbegriff für das erzählende Genre der *gemischten* Redeformen benutzt, sondern zu einem Zweitwort für ›Geschehen‹ geworden. Das Prinzip der transformierenden Mitteilungsstruktur, durch das Makrostrukturen der Erzählung erst gebildet werden, bleibt theoretisch ungenutzt. (Die Untersuchungen über Erzählperspektiven geben sich mit einer Oberflächenstruktur des perspektivischen Erzählens zufrieden, die sich aus personenbezogenen Blickpunkten entwickelt.)

Kritik der ›Erzähltheorie‹

Eine systematische Erzähltheorie müßte von einem bisher unbestimmten Fundamentalbegriff des Erzählens im Sinne von Mitteilung ausgehen (der dann natürlich auch die Veränderungen in bezug auf andere ›Gattungen‹ erklärend einbeziehen könnte) und die ein literarisches Gebilde strukturierenden Formen der Mitteilung ihrer Qualität nach ordnen – etwa so, daß eine Struktureinheit ›Reflexion‹ zunächst nur bestimmt würde als eine ihren Gegenstand problematisierende Mitteilung, die, selbst als Erzählung genommen, in dem als ›Erzählung‹ definierten Gebilde lediglich eine Umwandlung der Mitteilungsqualität darstellte. – Die sog. strukturalistische Erzähltheorie hat die Bezeichnung Struktur zum Eigenschaftsbegriff von formalen Erscheinungsbildern gemacht, die in einer quasi-statistischen Analyse als substantiell unterschiedene Formeinheiten genommen werden. Die theoretischen Äquivalente werden simplifiziert, sie erhalten ihre Berechtigung aus Konvention (vorgegebener Identität der Begriffe) und transzendenter Gleichschaltung (Identität der Gegenstände).

»Es gibt eine zarte Empirie, die sich mit dem Gegenstand innigst identisch macht und dadurch *zur eigentlichen Theorie* wird.« (Unterstreichung d. Verf.) (Zarte Empirie, S. VII)

Mit diesem GOETHE-Zitat leitet H. MEYER seine Arbeiten ein. Wenn auch im folgenden diese Methode der innigen Subjekt-Objektbeziehung, die erlebende Strukturerfahrung, als eine unter vielen bezeichnet wird, bleibt der Anspruch auf die höhere Bedeutung dieser klassischen literaturwissenschaftlichen Methode gegenüber anderen.

Daß dies nicht der alleinseligmachende Weg zu gültiger Einsicht ist, versteht sich von selbst. Nicht weniger ist es mir aber gewiß, daß dieser Weg von der ehrwürdigen Tradition der philologischen Disziplin her legitimiert ist und daß er sich gerade in der gegenwärtigen Situation der Literaturwissenschaft und im Hinblick auf deren Zielsetzung als gangbar und förderlich zu bewähren hat. (Zarte Empirie, S. VIII).

Die neueste Entwicklung zeigt demgegenüber zweifellos den Trend der wissenschaftlichen Disziplinierung.

Die literaturwissenschaftliche Strukturanalyse setzt in der Theoriebildung die Tradition der ›latenten Poetik‹ fort, die Literaturwissenschaft ordnet moderne Differenzierungen ihrem klassischen System unter, statt sich insgesamt angemessen zu reformieren.

Ausgehend von der dogmatisch vereinfachenden Feststellung, »epische Welt ist Welt des Geschehens«, sahen wir bei H. MEYER Wertgrade des Epischen nuanciert. Im Gegensatz zu G. MÜLLERS *grundlegenden* Arbeiten fielen einseitige Ansprüche auf. MÜLLER macht in seinen Untersuchungen die Beschränkung auf die Zeitanalyse als *nur* methodische Abblendung anderer Phänomene bewußt.

Es handelt sich bei diesem Fügungselement der Erzählkunst um die *Zeit,* und zwar die in den Bedeutungsgefügen einer erzählenden Dichtung enthaltene Zeit, als *ein* Aufbau-Element der dichterischen Gestalt. (DVjs 24 (1959) 5)

MÜLLER beschränkt seine theoretische Aussage darauf, daß die Zeit *ein* Fügungselement der erzählenden Dichtung ist. Die übrigen wertenden und auswertenden Aussagen bleiben auf die konkrete Werkstatistik und das einzelne Werk beschränkt. Die Bestimmung der epischen Zeit steht dagegen in den strukturalistischen Analysen nicht mehr im Bereich des *angewandten Messens,* im allgemeinen Fachbewußtsein werden Aussagen in diesem Zusammenhang zu dogmatisch theoretischen Bestimmungen, nach denen ›Bauformen des Erzählens‹ in Wertungssysteme gebracht werden.

Wir fragten: Welche Stoffteile der Epik enthalten als *Rohstoff* Geschehen, sind a priori im epischen Aggregatzustand, wie identifiziert man Erzählung und Geschehen als Material, das außerhalb der Erzählung als Rohstoff existiert? Was sind epische Gegenstände, die *nicht* dem Zeitverlauf des epischen Geschehens unterworfen sind, welchem Zeitverlauf sind sie nicht unterworfen, wenn sie im epischen Geschehen stehen; heißt episches Geschehen Handlung oder Erzählung? Wie unterscheiden sich ›Beschreibung‹ und ›Erzählung‹ als literarische *Techniken* vom ›statischen‹ *Gegenstand* und von der ›dynamischen‹ *Handlung,* was ist schließlich Geschehen als Realität? Formale Bestimmungen werden so einfach mit der materialen Begrifflichkeit verbunden, daß sich Dichtung als ein zweites organisch strukturiertes Weltgebäude vorstellt, von H. MEYER auch als solches vorgestellt wird, und zwar nicht nur im Sinne eines formal terminierten Kunstgebildes, sondern auch mit Blick auf den Wirklichkeitsgehalt. Die wesentliche Bestimmung der Strukturanalyse, Dichtung sei nicht Organismus, sondern Integrationskontinuum, hebt sich auf, wenn im übrigen *organische* Verknüpfungsprinzipien unbewußt auch die literarische Theorie bestimmen, als Substanzbegriffe von Literatur fungieren. Eine einseitig formalistische Ästhetik mit puristischen Bestimmungen von Literatur ist Folge der hermeneutischen Idealtypologie. Einerseits wird Dichtung als Einheit wie ein statisches System betrachtet –

Bedingung der Möglichkeit einer Analyse –, andererseits wird der Ordnungsbegriff ganzheitlich organisch vorgestellt, indem die vorrangige Bestimmung eines einzelnen Elementes das Wesen von erzählerischer Dichtung überhaupt vorstellt. Die puristische Formalästhetik ist nur systemimmanente Folge, weil die theoretische Grundaussage, epische Welt sei Welt des Geschehens, die Forschungsintention beinahe ausschließlich auf die *Formal*interpretation auch von Stellungnahmen zur ›außerliterarischen‹ Wirklichkeit lenkt. Nicht das theoretisch-wissenschaftliche System an sich ist auf formalästhetische Vorverständnisse gegründet, erst das vorurteilende System wird einseitig formalästhetisch, wenn Gestalt und Gehalt im Zirkel der internen Diskussion bleiben. Hierher gehören auch die parallel zu den Zeitbegriffen geprägten metaphysischen Raumbegriffe, die Raum vorstellen als vorrangig atmosphärischen, in die epische Zeit integrierten Wirkraum von Literatur. Begriffe wie ›Lokal‹, ›Milieu‹ bleiben mit dem Odium der außerliterarischen Wirklichkeit behaftet, in den theoretischen Elementarbestimmungen außerhalb dessen, was eigentlich episch ist.

Einzelne Arbeiten über ›Raum *und* Zeit‹ im Gefüge der Dichtung heben diese Analyse nicht grundsätzlich auf. H. MEYER interpretiert zwar bei RAABESCHEN Romanen ein Raum-Zeit-Gefüge, jedoch bleibt der Raum als Fügekraft des Romans innerhalb des subordinierenden Integrationsprinzips Atmosphären- bzw. Symbolträger. Die theoretische Grundsatzerklärung einer urepischen Qualität im Unterschied zu anderen weniger epischen wird dadurch nicht angetastet. Vielleicht ist der ›Raum‹ der von G. MÜLLER vorgestellten quasi statistischen Morphologie weniger zugänglich als die ›Zeit‹, das sollte jedoch keine theoretische Ausschaltung zur Folge haben. Es kann hypothetisch auch von erzähltem Raum und Erzählraum gesprochen werden. Abgesehen von der prinzipiellen Kritik, daß eine solche problematische Aussage in einer Erzähltheorie reflektiert werden müßte, läßt sich die vereinfachende Verbindung von Struktur- und Gestaltbegriff kritisieren. Die *morphologische* Struktur, die Struktur als realisierte Gestalt, sagt wenig über die Phänomene des Gestaltens, die Objekte einer theoretischen Wissenschaft sind. Der literaturwissenschaftliche Strukturalismus ist bisher kaum mehr als Formenhermeneutik, die theoretische Strukturanalyse steht noch aus.

Bedingung der grundsätzlichen theoretischen Position der Zeitstrukturanalysen ist eine erzählende Literatur, die sich ›dramatisch‹ gibt – dramatisch nicht nur der Form, sondern auch der Anschauungsform nach, die die theoretischen Schwerpunkte zeigen. Wenn die aus diesem Zusammenhang erwachsenen Erfahrungen absolut gesetzt werden, sind die Prinzipien der angemessenen Theoriebildung verlassen worden. Die Folgen zeigen sich in normativer Literaturbetrachtung, unzulänglicher Beurteilung von historischen und regionalen Varianten und mythologisierenden, *inaktuellen* Interpretationsschemata. Die historische Quelle der bereits angesprochenen Systemtradition, die in diesem Zusammenhang den eigentlichen Strukturalismus und die anfangs intendierte Morphologie verformte – indem sie weiterhin in ihrer Kernbestimmung tradiert wurde –, ist LESSINGS »Laokoon«. Im Mittelpunkt einer Vielzahl von Arbeiten steht LESSINGS Behauptung, die Zeit sei das Gebiet der Dichtung; LESSINGS Theorie bleibt dabei in ihren Voraussetzungen unreflektiert. Die Kritik des *Strukturpurismus* als klassischer Methode war in diesem Zusammenhang Kritik einer klassizistischen Quellenrezeption.

2.7.2 Die Strukturnegation als Habitus in der Erzähltheorie

Dadurch, daß Konkurrenzmeinungen aufgedeckt wurden, die auch durch Bevorzugungs- und Negationsprinzipien bestimmt sind, zeigte sich die strukturnegierende Haltung als Prinzip der theoretischen Bestimmungen überhaupt. In einer scheinbar liberaleren Erzählauffassung zeigte sich Erzählung eher als Fabulierzusammenhang denn als Integrationskontinuum. Wir stellten fest, daß bei K. FRIEDEMANN die *Liberalität* nur dem *formliberalen* Roman gegenüber besteht, bei R. KOSKIMIES nur den Elementen gegenüber, die er nach einem ›atheoretischen‹ Eindruck vorurteilend bestimmt; ›Klarlegung der Theorie‹ meint hier nicht mehr als Manifest zur eigenen Meinung. Im System der literaturwissenschaftlichen Erzähltheorie insgesamt stehen sich demnach konkurrierende Meinungen gegenüber, die jeweils strukturmorphologische Bestimmungen eines bestimmten Gebildetyps von Erzählung als wesenhaft vorstellen, andere Strukturen weitgehend negieren. Beide Auffassungen vom Erzählen sind als Theorien nicht relevant.

Die konkurrierenden Auffassungen verstehen sich selbst und werden verstanden als ›historisch‹ und ›mimetisch-fiktional‹. Auch hier ein *scheinbares* Funktionieren der Begriffe. Die historische Erzählauffassung geht vom Vergangenheitscharakter des Erzählten aus, stellt den Vorgang des Erzählens selbst in den Vordergrund, sieht im Ausdruck des epischen Präteritums die Legitimation für Autorreflexionen, Einschübe, Beschreibungen, die die Gegenwart des Erzähltwerdens der Vergangenheit des Erzählens ergänzend und verstärkend zuordnen. Die Auffassung der Erzählung als mimetisch-fiktionaler Darbietung postuliert Formen, die im System der klassischen Begrifflichkeit als ›dramatische‹ bezeichnet werden können, die also die Situation des *Nur*-Erzähltwerdens bei der Rezeption verdrängen sollen. Beide als Theorien ausgesprochenen Meinungen sind in ihren theoretischen Aussagen nicht einander *eigentlich* widersprechend. Die eine geht davon aus, daß eine ›Geschichte‹, wenn sie aus einem einzelnen Bewußtsein als Erzählung heraustritt, Darstellung eines Vergangenen ist – wobei die vorliegende Formulierung sich nicht in den Systemen selbst anbietet, sondern von uns so gesetzt wird, um zu zeigen, daß das Problem der Fiktion in diesem theoretischen Zusammenhang nicht eigentlich relevant ist. Die andere Meinung geht von rezeptionstheoretischen Überlegungen aus, von der Frage, wieweit die Erzählung im Bewußtsein des Lesers eine irgendwie geartete ›Gegenwärtigkeit‹ haben kann. So dargestellt, könnte man beiden Systemen erkenntnistheoretische Intentionen zugestehen, bei denen nur die Ansätze verschieden sind; theoretisch sinnvoll ist nur die Synthese, die es möglich macht, eine jeweilige Erzählhaltung, wie sie sich in einer konkreten Erzählung realisiert, als Transformation eines und desselben Grundprinzips zu nehmen. Beide Positionen sind also im Konkurrenzsystem subjektive Wesenslehren von Dichtung, die den ergänzenden theoretischen Ansatz negieren, ihn nicht einmal als Ergänzung erkennen.

In einer systematischen Theorie kann nicht eine von zwei als möglich erkannten Typen ›Erzählung‹ vorverständlich ausgeschlossen werden, es sei denn man akzeptierte eine ideologisierende Formenlehre als Theorie, was ausgeschlossen wurde. Außerdem ist ein theoretischer Erzählbegriff nur durch die relativierende Bestimmung möglich, daß nur mitgeteilt werden kann, was im Augenblick der Mitteilung als Wirklichkeit oder Bewußtsein einer möglichen Wirklichkeit perfekt ist und weil nur Mitteilung ist, was gleichzeitig der Informationsentwicklung präsent ist. Insofern hält K. HAMBURGER einer Behauptung der absoluten Historizität mit Recht entgegen, daß das Imperfekt der Erzählung als Phänomen der Beziehung zwischen Darstellung und Vorstellung eine semantische Ebene der Präsens enthält. Aber so wie ihre Ausführungen gegen eine Auffassung der kunstliterarischen Geschichte gehen, die sich vom wissenschaftlichen Historienbegriff nicht lösen kann, muß die

Behauptung eines absoluten fiktiven Geschichtenbegriffs als überspitzte Formulierung von Erlebnisstrukturen kritisiert werden, in denen Erkenntnistheorie zu Psychologismen führt.

Die konkrete Situation der konkurrierenden Erzählauffassungen kritisierte W. LOCKEMANN. Seine Lösung bleibt im Zirkel der mangelnden theoretischen Reflexion, weil er einen »mittleren« Weg lediglich vorschlägt, der sozusagen durch eine Konvention zu einer historisch-mimetisch-fiktionalen Auffassung vom Erzählen führen soll. Es galt jedoch zu zeigen, daß es eine Typologie sowohl der einen als auch der anderen Form der vorrangigen Anwendung erzählerischer Mittel geben kann, daß diese jeden Anspruch auf einen sinnvollen Beitrag zur Theorie des Erzählens notwendigerweise dann aufgeben muß, wenn sie eine, egal welche, von ihrem Systemcharakter her zu typisierende Realisation als ›Wesen‹ des Erzählens dogmatisch behauptet. Eine Theorie des Erzählens kommt ohne das Bewußtsein eines Transformationssystems des Prinzips ›Erzählen‹ nicht aus, was sich vor allem im Zusammenhang mit LEIBFRIEDs Arbeit zeigte.

In der Kennzeichnung der besprochenen Tendenz der Strukturen bevorzugenden und Strukturen negierenden Meinungsbildung ist gleichzeitig die Charakteristik der klassischen Theoriebildung impliziert. Insgesamt ließ sich damit eine puristisch-voluntaristische Erzähl*doktrin* überhaupt charakterisieren. Sie war sowohl von Wissenschafts- und Theorieverständnissen her als auch system-logisch und darüber hinaus im Zusammenhang mit den Untersuchungen zur Geschichte des Erzählproblems zu verdeutlichen.

Die Reflexion von relativer Parteilichkeit und generalisierbarer Theorie einerseits und die Problematik der Wissenschaftsentwicklung zwischen polaren Positionen andererseits erfordern eine informationstheoretisch kalkulierende Kritik der Wissenschaft. Eine grenzfällige Einteilung nimmt GEORG LUKÁCS vor, indem er seiner »Theorie des Romans« einen Informationswert im Zusammenhang mit der Kenntnisnahme der »Vorgeschichte der wichtigen Ideologien in den zwanziger und dreißiger Jahren« zuspricht, einen theoretisch relevanten Orientierungswert jedoch abspricht. Die Literaturwissenschaft wird insgesamt den Informationswert einzelner Aussagen überprüfen müssen, um zu einer Systematik des Fachwissens nach relativen Zuordnungen zu kommen.

Gerade am Beispiel der von F. SENGLE geforderten liberalen Formenlehre zeigt sich das Prinzip eines klassischen literaturwissenschaftlichen Verständnisses in seiner ganzen Problematik. Liberalität kann dann gefordert werden, wenn Parteinahmen ihre einseitigen Ansprüche dogmatisiert haben, dieses Dogma jedoch nicht in einer Sachkritik als Fehlleistung der Wissenschaft verstanden wird, sondern in irgendeiner Weise als doch legitime Stellungnahme betrachtet wird. Die Forderung nach einer sinnvollen theoretischen Literaturwissenschaft ist nicht primär Forderung einer liberalen Literaturauffassung, vielmehr führen theoretische Analysen zur Kenntnis um die Variabilität eines Gegenstandes Kunstliteratur, die das Dogma des Wissenschaftlers ad absurdum führt.

Literatur

Das Literaturverzeichnis gliedert sich wie folgt: Zur Methodendiskussion der Literaturwissenschaft werden ausgewählte Titel angegeben, die Tendenzen der momentanen Diskussion umreißen (1.); zu Wissenschaftstheorie i.w.S. und Philosophie ist die zitierte Literatur aufgeführt, ergänzend werden wenige Titel genannt, die die kritische Stellungnahme förderten (2. bzw. 3.). Die Angaben zur Literaturtheorie i.w.S. und speziell zum Erzählproblem sind ausführlicher gehalten, sie werden gruppiert je nach der als vorrangig zu bezeichnenden Thematik: Allgemeine Darstellungen mit dem Bezug zum Gattungs- und Formproblem (4.), Arbeiten zur Struktur des Erzählens allgemein (4.1), zur typologischen Werksanalyse (4.2.) und zu Problemen der modernen Literatur (4.3). Unter (5.) sind Titel zur historischen Varianz des Themas Literaturtheorie i.w.S. aufgeführt, es folgen Angaben zur Ästhetik allgemein (6), zum besonderen Aspekt des Realismusproblems und der Raum-Zeitdiskussion (6.2–6.4.). Mit (7.) ist Literatur zu Problemen der Rhetorik i.w.S. angegeben, (8.) betrifft Varia.

1

BERNHARD, HANS JOACHIM, HANS JÜRGEN GEERDTS, HORST HAASE, LUDWIG KÜTTNER: Antworten auf eine Umfrage der Redaktion – zum Verhältnis von Kybernetik und Literaturwissenschaft, 2. Teil. In: Weimarer Beiträge 14 (1968) 708 ff.

BIERWISCH, MANFRED: Poetik und Linguistik. In: KREUZER, HELMUT, RUL GUNZENHÄUSER (Hrsg.): Mathematik und Dichtung. 3. Aufl. München 1969, S. 49 ff.

FLACH, BRIGITTE und WERNER: Zur Grundlegung der Wissenschaft von der Literatur. Bonn 1967

GALLAS, HELGA (Hrsg.): Strukturalismus als interpretatives Verfahren. Darmstadt-Neuwied 1972

HEISSENBÜTTEL, HELMUT: Literatur und Wissenschaft. In: Akzente 12 (1965) 171 ff.

KREUZER, HELMUT, RUL GUNZENHÄUSER (Hrsg.): Mathematik und Dichtung. Versuche zur Frage einer exakten Literaturwissenschaft. 3. Aufl. München 1969

KVETOSLAV, CHVATIK: Strukturalismus und Avantgarde. Aufsätze zur Kunst und Literatur. München 1970

LEIBFRIED, ERWIN: Identität und Variation. Prolegomena zur kritischen Poetologie. Stuttgart 1970

MUKAROVSKY, JAN: Kapitel aus der Poetik. Frankfurt/Main 1967

REIF, ADELBERT (Hrsg.): Antworten der Strukturalisten. Hamburg 1973

SCHIWY, GÜNTHER: Der französische Strukturalismus. Mode. Methode. Ideologie. 4. Aufl. Hamburg 1970

STRIEDTER, JURIJ (Hrsg.): Texte der Russischen Formalisten. Bd. 1: Texte zur allgemeinen Literaturtheorie und zur Theorie der Prosa. München 1969

ŽMEGAČ, VIKTOR (Hrsg.): Methoden der deutschen Literaturwissenschaft. Eine Dokumentation. Frankfurt/Main 1971

1.1

BARTHES, ROLAND: Die Wissenschaft von der Literatur: In: FÜGEN, HANS NORBERT (Hrsg.): Vergleichende Literaturwissenschaft. Düsseldorf–Wien 1973, S. 203 ff.

FÜGEN, HANS NORBERT: Die Hauptrichtungen der Literatursoziologie und ihre Methoden. Ein Beitrag zur literatursoziologischen Theorie. Bonn 1964

FÜGEN, HANS NORBERT (Hrsg.): Vergleichende Literaturwissenschaft. Düsseldorf–Wien 1973

GANSBERG, MARIE LUISE, PAUL GERHARD VÖLKER: Methodenkritik der Germanistik. Materialistische Literaturtheorie und bürgerliche Praxis. Stuttgart 1970

HEISSENBÜTTEL, HELMUT, HEINRICH VORMWEG: Briefwechsel über Literatur. Neuwied–Berlin 1969

HOLZER, HORST, KARL STEINBACHER (Hrsg.): Sprache und Gesellschaft. Hamburg 1972

KOLBE, JÜRGEN (Hrsg.): Neue Ansichten einer künftigen Germanistik. Probleme einer Sozial- und Rezeptionsgeschichte der Literatur- und Kommunikationswissenschaft. München 1973

MÜLLER, BREDEKAMP, HINZ, VERSPOHL, FREDEL, APITZSCH: Autonomie der Kunst. Zur Genese und Kritik einer bürgerlichen Kategorie. Frankfurt/Main 1972

TOMBERG, FRIEDRICH: Politische Ästhetik. Vorträge und Aufsätze. Darmstadt–Neuwied 1973

WINCKLER, LUTZ: Kulturwarenproduktion. Aufsätze zur Literatur- und Sprachsoziologie. Frankfurt/Main 1973

1.2

BAYERDÖRFER, HANS-PETER: Poetik als sprachtheoretisches Problem. Tübingen 1967

BENSE, MAX: Theorie der Texte. Eine Einführung in neuere Auffassungen und Methoden. Köln–Berlin 1961

BREUER, DIETER: Vorüberlegungen zu einer pragmatischen Textanalyse. In: Wirkendes Wort 22 (1972) 1 ff.

BRINKER, KLAUS: Aufgaben und Methoden der Textlinguistik. Kritischer Überblick über den Forschungsstand einer neuen linguistischen Teildisziplin. In: Wirkendes Wort (1971) 217 ff.

GEBAUER, GUNTER: Wortgebrauch – Sprachbedeutung. Beiträge zu einer Theorie der Bedeutung im Anschluß an die spätere Philosophie Ludwig Wittgensteins. München 1971

GÜLICH, ELISABETH, WOLFGANG RAIBLE (Hrsg.): Textsorten. Differenzierungskriterien aus linguistischer Sicht. Frankfurt/Main 1972

Ihwe, Jens: Linguistik in der Literaturwissenschaft. Zur Entwicklung einer modernen Theorie in der Literaturwissenschaft. München 1971
Ihwe, Jens (Hrsg.): Literaturwissenschaft und Linguistik. Ergebnisse und Perspektiven. Bd. I, II$_1$, II$_2$, III. Frankfurt/Main 1971–72
Schmidt, Siegfried J. (Hrsg.): Text/Bedeutung/Ästhetik. 2. Aufl. München 1970
Wienold, Götz: Semiotik der Literatur. Frankfurt/Main 1972

1.3

Göttner, Heide: Logik der Interpretation. München 1973
Hirsch, E. D.: Prinzipien der Interpretation. München 1972
Mecklenburg, Norbert: Kritisches Interpretieren. Untersuchungen zur Theorie der Literaturkritik. München 1972
Richards, I. A.: Prinzipien der Literaturkritik. Frankfurt/Main 1972
Schwencke, Olaf (Hrsg.): Kritik der Literaturkritik. Stuttgart 1973

2

Albert, Hans: Traktat über kritische Vernunft. 2. Aufl. Tübingen 1969
Apel, Karl Otto: Transformation der Philosophie. 2 Bde. Frankfurt/Main 1973
Carnap, Rudolf: Logische Syntax der Sprache. Wien 1934
Diemer, Alwin (Hrsg.): Beiträge zur Entwicklung der Wissenschaftstheorie im 19. Jahrhundert. Vorträge und Diskussionen im Dezember 1965 und 1966 in Düsseldorf. Meisenheim/Glan (= Studien zur Wissenschaftstheorie Bd. 1)
Diemer, Alwin (Hrsg.): System und Klassifikation in Wissenschaft und Dokumentation. Vorträge und Diskussionen im April 1967 in Düsseldorf. Meisenheim/Glan 1968 (= Studien zur Wissenschaftstheorie, Bd. 2)
Diemer, Alwin: Grundriß der Philosophie, 2 Bde. Meisenheim/Glan 1962 und 1964
Juhos, Béla: Die Systemidee in der Physik. In: Diemer, Alwin (Hrsg.): System und Klassifikation in Wissenschaft und Dokumentation. Meisenheim/Glan 1968, S. 65 ff.
Kreuzer, Helmut (Hrsg.): Literarische und naturwissenschaftliche Intelligenz. Dialog über die »zwei Kulturen«. Stuttgart 1969
Popper, Karl: Logik der Forschung. Zur Erkenntnistheorie der modernen Naturwissenschaft, Wien 1935
Rombach, Heinrich: Substanz, System, Struktur. Die Ontologie des Funktionalismus und der philosophische Hintergrund der modernen Wissenschaft, 2 Bde. Freiburg–München 1966
Seiffert, Helmut: Einführung in die Wissenschaftstheorie. 2 Bde. 2. u. 3. Aufl. München 1971
Snow, C. P.: Die zwei Kulturen. In: Kreuzer, Helmut (Hrsg.): Literarische und naturwissenschaftliche Intelligenz. Stuttgart 1969, S. 11 ff.
Stegmüller, Wolfgang: Probleme und Resultate der Wissenschaftstheorie. 2 Bde. Berlin–Heidelberg–New York 1970

System und Klassifikation. Versuch einer terminologischen und thematischen Klärung des Begriffsfeldes von den Mitgliedern des Philosophischen Seminars der Universität Düsseldorf. In: DIEMER, ALWIN (Hrsg.): System und Klassifikation in Wissenschaft und Dokumentation. Meisenheim/Glan 1968. S. 150 ff.

TOPITSCH, ERNST (Hrsg.): Logik der Sozialwissenschaften. Köln. 7. Aufl. Berlin 1971

VON WEIZSÄCKER, CARL FRIEDRICH: Zum Weltbild der Physik. 10. Aufl. Stuttgart 1963

Zeitschrift für allgemeine Wissenschaftstheorie (Hrsg.): A. DIEMER, L. GELDSETZER, G. KÖNIG. Wiesbaden 1 (1/1970) f.

3

FREUD, SIGMUND: Abriß der Psychoanalyse. Das Unbehagen in der Kultur. Mit einer Rede v. TH. MANN als Nachwort. 9. Aufl. Frankfurt/Main–Hamburg 1962

HEGEL, GEORG WILHELM FRIEDRICH: Ästhetik. Mit einem einführenden Essay von GEORG LUKÁCS. Berlin 1955

HUSSERL, EDMUND: Ideen zu einer reinen Phänomenologie und Phänomenologischen Philosophie. 3 Bücher. In: Husserliana, EDMUND HUSSERL, Gesammelte Werke, Bd. 3 (Hrsg. WALTER BIEMEL), Bd. 4 u. 5 (Hrsg. MARLY BIEMEL). Den Haag–Tübingen 1950, 1952

KANT, IMMANUEL: Kritik der reinen Vernunft. In: Werke in sechs Bänden. Hrsg. WILHELM WEISCHEDEL, Bd. 2. Wiesbaden 1956

KANT, IMMANUEL: Kritik der Urteilskraft und Schriften zur Naturphilosophie. ebd. Bd. 5. Wiesbaden 1957

SCHOPENHAUER, ARTHUR: Die Welt als Wille und Vorstellung. In: Sämtliche Werke. Nach der ersten, von JULIUS FRAUENSTÄDT besorgten Gesamtausgabe neu bearbeitet und herausgegeben von ARTHUR HÜBSCHER. (Anastat. Neudr. d. 2. Aufl.), Bd. 2 u. 3. Wiesbaden 1966

4

BOOTH, WAYNE C.: The Rhetoric of Fiction. Chicago–London 1969

HAMBURGER, KÄTE: Die Logik der Dichtung. Stuttgart 1957 (umgearb. Auflage 1968)

INGARDEN, ROMAN: Das literarische Kunstwerk. Eine Untersuchung aus dem Grenzgebiet der Ontologie, Logik und Literaturwissenschaft. Halle/Saale 1931 (2. Aufl. Tübingen 1960)

KAYSER, WOLFGANG: Das sprachliche Kunstwerk. Eine Einführung in die Literaturwissenschaft. 8. Aufl. Bern–München 1962

KOFLER, LEO: Zur Theorie der modernen Literatur. Der Avantgardismus in soziologischer Sicht. Neuwied–Berlin 1962

KOSKIMIES, RAFAEL: Theorie des Romans. Helsinki 1935

LÄMMERT, EBERHARD: Bauformen des Erzählens. Stuttgart 1955

LEIBFRIED, ERWIN: Kritische Wissenschaft vom Text. Manipulation, Reflexion, transparente Poetologie. Stuttgart 1970
LUBBOCK, PERCY: The Craft of Fiction. 4. Aufl. London 1968
LUKÁCS, GEORG: Die Theorie des Romans. Ein geschichtsphilosophischer Versuch über die Formen der großen Epik. Neuwied–Berlin 1971 (2. Neuaufl. der Ausgabe 1920)
MIGNER, KARL: Theorie des modernen Romans. Eine Einführung. Stuttgart 1970
MUIR, EDWIN: The Structure of the Novel. 7. Aufl. London 1957
PETSCH, ROBERT: Wesen und Formen der Erzählkunst. 2. Aufl. Halle/Saale 1942
PROPP, WLADIMIR: Morphologie des Märchens. München 1972
ROS, ARNO: Zur Theorie literarischen Erzählens. Mit einer Interpretation der »cuentos« von JUAN RULFO. Frankfurt/Main 1972
SCHOLES, ROBERT, ROBERT KELLOG: The Nature of Narrative. New York 1966
SENGLE, FRIEDRICH: Die literarische Formenlehre. Vorschläge zu ihrer Reform. Stuttgart 1967
STAIGER, EMIL: Grundbegriffe der Poetik. 8. Aufl. Zürich–Freiburg/Breisgau 1968
STANZEL, FRANZ K.: Typische Formen des Romans. 4. Aufl. Göttingen 1969
TODOROV, TZVETAN: Poetik der Prosa. Frankfurt/Main 1972
TODOROV, TZVETAN: Einführung in die phantastische Literatur. München 1972
WELLEK, RENÉ, AUSTIN WARREN: Theorie der Literatur. Bad Homburg 1959

4.1

DIERSEN, INGE: Darbietungsformen des Erzählens. In: Weimarer Beiträge 13 (1967) 630 ff.
FRIEDEMANN, KÄTE: Die Rolle des Erzählers in der Epik. Unv. reprogr. Nachdr. d. Ausg. Berlin 1910. Darmstadt 1969
HAMBURGER, KÄTE: Das epische Präteritum. In: DVjs 27 (1953) 329 ff.
HAMBURGER, KÄTE: Noch einmal: Vom Erzählen. Versuch einer Antwort und Klärung. In: Euphorion 59 (1965) 46 ff.
HAMBURGER, KÄTE: Zum Strukturproblem der epischen und dramatischen Dichtung. In: DVjs. 25 (1951) 1 ff.
LUKÁCS, GEORG: Erzählen oder Beschreiben. Zur Diskussion über Naturalismus und Formalismus. In: G. L. Schicksalswende (1948) S. 115 ff.
MARTINI, FRITZ (Hrsg.): Probleme des Erzählens in der Weltliteratur. Festschrift für KÄTE HAMBURGER. Stuttgart 1971
MEYER, HERMAN: Zum Problem der epischen Integration. In: Trivium 8 (1950) 299 ff.
MEYER, HERMAN: Zarte Empirie. Studien zur Literaturgeschichte. Stuttgart 1963
MÜLLER, GÜNTHER: Über das Zeitgerüst des Erzählens ›Am Beispiel des »Jürg Jenatsch«‹. In: DVjs. 24 (1950) 1 ff.
MÜLLER, GÜNTHER: Erzählzeit und erzählte Zeit. In: KLUCKHOHN/SCHNEIDER-Festschrift, S. 195 ff.

NEUHAUS, VOLKER: Typen multiperspektivischen Erzählens. Köln–Wien 1971
SPRANGER, EDUARD: Der psychologische Perspektivismus im Roman. In: KLOTZ, VOLKER (Hrsg.): Zur Poetik des Romans. 2. Aufl. Darmstadt 1969, S. 217 ff.
STANZEL, FRANZ: Die typischen Erzählsituationen im Roman. Dargestellt an Tom Jones, Moby Dick, The Ambassadors, Ulysses U.A. 4. Aufl. Wien–Stuttgart 1969

4.2

HAMBURGER, KÄTE: Der Epiker Thomas Mann. In: Orbis litterarum 13 (1958) 7 ff.
KLEIN, JOHANNES: Vorwegnahme moderner Formen in Raabes »Gänsen von Bützow«. Jahrbuch d. Raabe-Gesellschaft 1962, S. 99 ff.
KRÜGER, ANNA: Der humoristische Roman mit gegensätzlich verschränkter Bauform: Jean Paul, W. Raabe, K. Kluge. Limburg 1952
MÜLLER, JOACHIM: Erzählstruktur und Symbolgefüge in W. Raabes »Unruhigen Gästen«. Jahrbuch der Raabe-Gesellschaft 1962, S. 121 ff.
RASCH, WOLFDIETRICH: Die Erzählweise Jean Pauls. Metaphernspiele und dissonante Strukturen. München 1961
SCHNEIDER, HILDE: Wilhelm Raabes Mittel der epischen Darstellung. 1936
SIEPER, CLARA: Der historische Roman und die historische Novelle bei Raabe und Fontane. Weimar 1930
WOLF, REGINE: Studien zur Struktur von Jean Pauls Hesperus. Diss. Münster 1959

4.3

ADORNO, THEODOR W.: Form und Gehalt des zeitgenössischen Romans. Zur Problematik von Roman, Drama und Lyrik im 20. Jahrh. In: Akzente 1 (1954) 410 ff.
BAUMGART, REINHARD: Aussichten des Romans oder Hat die Literatur Zukunft? Neuwied 1970
HÖLLERER, WALTER (Hrsg.): Sprache im technischen Zeitalter. Sonderheft: Texttheorie und Konkrete Dichtung 15 (1965)
JAEGGI, URS: Das Dilemma und die Schwierigkeiten einer nichtbürgerlichen Literatur. In: KÜHNE, PETER: Arbeiterklasse und Literatur. Frankfurt/Main 1972, S. 11 ff.
KAYSER, WOLFGANG: Entstehung und Krise des modernen Romans. 3. Aufl. Stuttgart 1960
KESTING, MARIANNE: Entdeckung und Destruktion. Zur Strukturumwandlung der Künste. München 1970
KÜHNE, PETER: Arbeiterklasse und Literatur. Frankfurt/Main 1972
KRÄTTLI, ANTON: Situation und Aussichten des Romans. In: Schweizer Monatshefte für Politik, Wirtschaft, Kultur 48 (1968/1969) 199 ff.
MÜHLMANN, WILHELM EMIL: Bestand und Revolution in der Literatur. Stuttgart 1973

Ringleb, Heinrich: Das Gestern der Dichtung. In: Konturen 1 (1953)
Sartre, Jean Paul: Was ist Literatur? Ein Essay. Reinbek 1964
Sartre, Jean Paul: Die Wörter. Reinbek 1965
Schlenstedt, Dieter: Zur deutschen Romanentwicklung im 20. Jahrhundert. In: Weimarer Beiträge 14 (1968) 30 ff.

5

Emmel, Hildegard: Geschichte des deutschen Romans. Bd. 1. Bern–München 1972
Grimm, Reinhold (Hrsg.): Deutsche Romantheorien. Beiträge zu einer historischen Poetik des Romans in Deutschland. Frankfurt/Main–Bonn 1968
Hillebrand, Bruno: Theorie des Romans. Bd. 1 u. 2. München 1972
Klotz, Volker (Hrsg.): Zur Poetik des Romans. Darmstadt 1965
Lämmert, E., H. Eggert, K. H. Hartmann, G. Hinzmann, D. Scheunemann, F. Wahrenburgh (Hrsg.): Romantheorie. Dokumentation ihrer Geschichte in Deutschland 1620-1880. Berlin 1971
Markwardt, Bruno: Geschichte der deutschen Poetik. 5 Bde. 2. Aufl. Berlin 1958
Vosskamp, Wilhelm: Romantheorie in Deutschland. Von Martin Opitz bis Friedrich von Blankenburg. Stuttgart 1973

5.1

Becker, Eva, D.: Der deutsche Roman um 1780. Diss. Heidelberg 1964
Hahl, Werner: Reflexion und Erzählung. Ein Problem der Romantheorie von der Spätaufklärung bis zum programmatischen Realismus. Stuttgart 1971
Hamburger, Käte: Philosophie der Dichter. Novalis, Schiller, Rilke. Stuttgart 1966
Hellmann, Winfried: Objektivität, Subjektivität und Erzählkunst. Zur Romantheorie Friedrich Spielhagens. In: Ziegler, Klaus (Hrsg.): Wesen und Wirklichkeit des Menschen, Festschrift für Hellmuth Plessner. Göttingen 1957, S. 340 ff.
Jacobs, Jürgen: Wilhelm Meister und seine Brüder. Untersuchungen zum deutschen Bildungsroman. München 1972
Jäger, Georg: Empfindsamkeit und Roman. Studien zur Poetik und Geschichte der Literatur. Stuttgart 1969
Korff, H. A.: Geist der Goethezeit. Versuch einer ideellen Entwicklung der klassisch-romantischen Literaturgeschichte. 3 Bde. 3. Aufl. Leipzig 1959
Krauss, Werner: Perspektiven und Probleme. Zur französischen und deutschen Aufklärung und andere Aufsätze. Neuwied–Berlin-West 1965
Langen, August: Anschauungsformen in der deutschen Dichtung des 18. Jahrhunderts. (Rahmenschau und Rationalismus). Jena 1934
Lockemann, Wolfgang: Die Auffassung des Erzählens in der deutschen Dichtungstheorie vom Barock bis zur Aufklärung. (Die Entstehung des Erzählproblems). Diss. Mainz 1962

Lugowski, Clemens: Studien zur inneren Struktur der frühen deutschen Prosaerzählung. Berlin 1932, S. 56 ff.

Müller, Joachim: Neue Goethe-Studien. Halle/Saale 1969

Nivelle, Armand: Kunst- und Dichtungstheorien zwischen Aufklärung und Klassik. Berlin 1960

Rötzer, Hans Gerd: Der Roman des Barock. 1600–1700. Kommentar zu einer Epoche. München 1972

Scherpe, Klaus R.: Gattungspoetik im 18. Jahrhundert. Historische Entwicklung von Gottsched bis Herder. Stuttgart 1968

Sengle, Friedrich: Arbeiten zur deutschen Literatur. 1750–1850. Stuttgart 1965

Thalheim, Hans-Günther: Zur Literatur der Goethezeit. Berlin 1969

Wagner, R.: Wesen und Geltung der erzählenden Prosa im Urteil der Biedermeierzeit. Diss. Tübingen 1952

Wiese, Benno von: Friedrich Schiller. 3. Aufl. Stuttgart 1963

Windfuhr, Manfred: Die barocke Bildlichkeit und ihre Kritiker. Stilhaltungen in der deutschen Literatur des 17. und 18. Jahrhunderts. Stuttgart 1966

Windfuhr, Manfred: Immermanns erzählerisches Werk. Zur Situation des Romans in der Restaurationszeit. Giessen 1957

5.2

Baumgart, Herrmann: Handbuch der Poetik. Eine kritisch-historische Darstellung der Theorie der Dichtungskunst. Stuttgart 1887

Breitinger, Johann Jacob: Critische Dichtkunst. Faks.dr. nach d. Ausg. von 1740. Mit e. Nachw. von Wolfg. Bender. 2 Bde. Stuttgart 1966

Buchner, August: Poet. Aus dessen nachgelassener Bibliothek herausgg. v. Othone Prätorio P. P. Wittenberg 1665

Buchner, Augustus: Anleitung zur deutschen Poeterey/ Wie er selbige kurtz vor seinem Ende selbsten übersehen/ an unterschiedenen Orten geändert/ und verbessert hat/ herausgg. v. Othone Prätorio P. P. Wittenberg 1665

Gottschall, Rudolf von: Poetik. Die Dichtkunst und ihre Technik. Vom Standpunkte der Neuzeit. 2 Bde. 6. Aufl. Breslau 1893

Gottsched, Johann Christoph: Versuch einer Critischen Dichtkunst. Fotomechan. Nachdr. d. 4. verm. Auflage 1751. 5. Aufl. Darmstadt 1962

Harsdörffer, Georg Philipp: Poetischer Trichter. Reprograph. Neudr. d. Ausg. Nürnberg 1650 1. Teil, 1648 2. Teil, 1653 3. Teil. Darmstadt 1969

Opitz, Martin: Buch von der deutschen Poeterei. Faks.dr. n. d. Ausg. v. 1624. Tübingen 1966

Rotth, Albrecht Christian: Vollständige Deutsche Poesie ... – Leipzig 1688

Titz, Johann Peter: Zwey Bücher Von der Kunst Hochdeutsche Verse und Lieder zu machen. Danzig 1642

Wackernagel, Wilhelm: Poetik, Rhetorik und Stilistik. Academische Vorlesungen. Halle 1873

5.3

Eckardt, Ludwig: Wander-Vorträge aus Kunst und Geschichte. Stuttgart 1868

Gervinus, G. G.: Geschichte der deutschen Dichtung. 5 Bde. Hrsg.: Karl Bartsch. Leipzig 1871–74

Jung, Alexander: Briefe über die neueste Literatur. Denkmale eines literarischen Verkehrs. Hamburg 1837

Mundt, Theodor: Geschichte der Literatur der Gegenwart. Von dem Jahre 1789 bis zur neuesten Zeit. Vorlesungen. Leipzig 1853

Prutz, Robert: Neue Schriften zur deutschen Literatur- und Kulturgeschichte. 2 Bde., Halle 1854

Prutz, Robert: Die deutsche Literatur der Gegenwart. 1848–1858. 2 Bde., 2. Aufl. Leipzig 1870

Rosenkranz, Karl: Die Poesie und ihre Geschichte. Eine Entwicklung der poetischen Ideale der Völker. Königsberg 1855

Schmidt, Julian: Geschichte der deutschen Literatur im 19. Jahrhundert. 3 Bde. 3. Aufl. Leipzig 1856

5.4

Blankenburg, Friedrich von: Versuch über den Roman. Faks.dr. d. Ausg. v. 1774. Mit einem Nachwort von Eberhard Lämmert. Stuttgart 1965

Engel, Johann Jacob: Über Handlung, Gespräch und Erzählung. Faks.dr. d. ersten Fassung v. 1774 aus d. ›Neuen Bibliothek d. schönen Wiss. u. d. freien Künste‹ Hrsg. u. Nachw. Ernst Theodor Voss. Stuttgart 1964

Engel, Johann Jacob: Ideen zu einer Mimik. In: J. J. E.s Schriften. Classiker Ausgabe, 7. Bd. Frankfurt 1857

Lessing, Gotthold Ephraim: Laocoon. In: G. E. L. sämtliche Schriften. Hrsg.: Karl Lachmann, 3. durchges. u. verm. Aufl. v. Franz Murcker, 24 Bde., Stuttgart 1886–1924, Bd. 9 [Nachdr. Berlin '68] Anhang zum Laocoon. In: G. E. L. Gesammelte Werke. 24 Bde. Hrsg.: Paul Rilla. Berlin-Weimar 1968, Bd. 5

Lessing, Gotthold Ephraim: Fabeln. Drey Bücher Nebst Abhandlungen mit dieser Dichtungsart verwansten Inhalts. – Lachmann-Murcker Bd. 7

Ludwig, Otto: Romanstudien. In: O. L. Gesammelte Schriften in 6 Bänden. Leipzig o. J. Bd. 6

Mann, Thomas: Die Kunst des Romans. Vortrag für Princeton-Studenten (Altes und Neues. Kleine Prosa aus fünf Jahrzehnten). In: Th. M. Stockholmer Gesamtausgabe der Werke. Frankfurt/Main 1961

Münzenberger, Herrmann: Beleuchtung des Romans oder Was ist der Roman? Was ist er geworden? und Was kann er werden? Straßburg 1825

Spielhagen, Friedrich: Beiträge zur Theorie und Technik des Romans. Faks. dr. n. d. 1. Aufl. v. 1883. M. einem Nachw. v. Hellmuth Himmel. Göttingen 1967

Spielhagen, Friedrich: Neue Beiträge zur Theorie und Technik der Epik und Dramatik. Leipzig 1898

5.5

BODMER, JOHANN JACOB: Critische Abhandlung von dem Wunderbaren in der Poesie. Faksdr. n. d. Ausg. v. 1740, Nachw. WOLFGANG BENDER. Stuttgart 1966

BODMER, JOHANN JACOB: Critische Betrachtungen über die Poetischen Gemählde der Dichter. M. einer Vorr. v. J. J. BREITINGER. Zürich 1741

BREITINGER, JOHANN JACOB: Critische Abhandlung von der Natur, den Absichten und dem Gebrauche der Gleichnisse. Faksdr. n. d. Ausg. v. 1740. M. einem Nachw. v. MANFRED WINDFUHR. Stuttgart 1967

GOETHE, JOHANN WOLFGANG VON: Zur Farbenlehre. Didactischer Teil; Annalen oder Tag- und Jahreshefte; Künstlerische Behandlung landschaftlicher Gegenstände; Deutsche Literatur. [Rezensionen v. 1804–06 (darin »Rezension von Hebbels Allemann. Gedichten«)] In: G.s sämmtliche Werke in 45 Bänden. Leipzig, Reclam o. J., Bd. 41, Bd. 30, Bd. 37, Bd. 38

5.6

BRECHT, BERTOLT: Schriften zum Theater. Über eine nichtaristotelische Dramatik. Zusammengest. v. S. UNSELD. Berlin–Frankfurt/Main 1960

FONTANE, THEODOR: Zur Literatur. In: FONTANE, Nymphenburger Taschenbuch-Ausgabe in 15 Bänden. München 1969, Bd. 14

GRILLPARZER, FRANZ: Prosaschriften 2. Aufsätze über Literatur, Musik und Theater, Musikalien. In: F. G. Hist.-krit. Ges.ausg., Hrsg.: AUGUST SAUER. Wien 1909 ff., Bd. 14

GUTZKOW, KARL: Die kleine Narrenwelt. 3 Teile. Frankfurt/Main 1856–1867

HEBBEL, FRIEDRICH: Das Komma im Frack. In: F. H. Sämtliche Werke. Hist.-krit. Ausg. bes. v. R. M. WERNER. Nachdr. d. Ausg. B. Behr Verlag 1907. Bern 1970, Bd. 12, S. 189 ff.

HEINE, HEINRICH: Kleinere Aufsätze verschiedenen Inhalts; Die romantische Schule; Ideen. Das Buch Le Grand. In: H. H.s sämtliche Werke in 6 Bänden. Hrsg.: WILHELM BÖLSCHE. Berlin. J. Bd. 6, 4,3

HOFMANNSTHAL, HUGO VON: Reden und Aufsätze. In: H. v. H. Gesammelte Werke, Erste Reihe in drei Bänden. Berlin 1824, Bd. 3

KELLER, GOTTFRIED: Aufsätze zur Literatur und Kunst. Miszellen. Reflexionen. In: G. K. Sämtliche Werke in 24 Bänden. Hrsg.: JONAS FRÄNKEL, CARL HELBLING. Bern 1948, Bd. 22

RAABE, WILHELM: In alls geduldig. Briefe Wilhelm Raabes (1842–1910). Im Auftrage d. Fam. Raabe hrsg. v. WILHELM FEHSE. Berlin 1940

STORM, THEODOR: Theoretische Abhandlungen. In: T. St. Werke. Nach d. v. THEODOR HERTEL bes. Ausg. neubearb. v. FRITZ BÖHME. M. einer Vorr. v. HANS FRIEDRICH BLUNCK. Leipzig 1936, Bd. 8

6

BOUTERWEK, FRIEDRICH: Ästhetik. 2. i. d. Prinzipien berichtigte u. völlig umgearb. Auflage, 2 Teile. Göttingen 1815

EBERHARD, JOHANN AUGUST, d. i. Gebhard Ehrenreich Maaß: Theorie der schönen Künste und Wissenschaften. Zum Gebrauche seiner Vorlesungen hrsg. 3. verb. Auflage. Halle 1790

ESCHENBURG, JOHANN JOACHIM: Entwurf einer Theorie und Literatur der schönen Wissenschaften. Zur Grundlage bei Vorlesungen. Neue, umgearb. Ausg. Berlin–Stettin 1789

HERDER, JOHANN GOTTFRIED VON: Kritische Wälder I–III In: J. G. v. H. Sämmtliche Werke. 33 Bde. Hrsg.: BERNHARD SUPHAN, Bd. 3. Berlin 1877–1913. Reprograph. Neudr. Hildesheim 1967

HETTNER, HERRMANN: Schriften zur Literatur und Philosophie (Teils.) Hrsg.: DIETRICH SCHAEFER, m. einem Nachw. v. LUDWIG UHLIG. Frankfurt/Main 1967

KELLER, GOTTFRIED, HERMANN HETTNER: Briefwechsel. Hrsg.: JÜRGEN JAHN. Berlin–Weimar 1964

LOTZE, HERMANN: Geschichte der Ästhetik in Deutschland. München 1868

MUNDT, THEODOR: Die Kunst der deutschen Prosa. Ästhetisch, literargeschichtlich, gesellschaftlich. Berlin 1837

MUNDT, THEODOR: Ästhetik. Die Idee der Schönheit und das Kunstwerk im Lichte unserer Zeit. Berlin 1845

PAUL, JEAN: Vorschule der Ästhetik. In: J. P. sämtliche Werke. Hist.-krit. Ausg. 33 Bde. in 3 Abtlg. Hrsg.: Preuß. Akademie d. Wiss. u. Dt. Akademie u. J. Paul-Gesellschaft Weimar–Berlin 1927 ff., Bd. 11

RAMLER, KARL-WILHELM: Kurzgefaßte Einleitung in die schönen Künste und Wissenschaften. Görlitz 1798

ROSENKRANZ, KARL: Ästhetik des Häßlichen. Königsberg 1853

SCHILLER, FRIEDRICH: (Ästhetische Schriften) In: Sch.s Werke in 12 Bden. Stuttgart–Tübingen 1853 ff., Bd. 12, 1857

SCHLEGEL, AUGUST WILHELM: Die Kunstlehre. Krit. Schriften und Fragmente 2, Hrsg.: EDGAR LOHNER. Stuttgart 1963

SCHLEGEL, FRIEDRICH: Schriften und Fragmente. Ein Gesamtbild seines Geistes. Aus d. Werken u. d. handschrift. Nachlaß zus.gest. u. eingel. v. ERNST BEHLER. Stuttgart 1956

SOLGER, KARL, WILHELM FERDINAND: Vorlesungen über Ästhetik. Hrsg.: K. W. L. HEYSE. Leipzig 1829

Nachträge zu SULZERS allgemeiner Theorie der schönen Künste. Charaktere der vornehmsten Dichter aller Nationen nebst kritischen und historischen Abhandlungen über Gegenstände der schönen Künste und Wissenschaften von einer Gesellschaft von Gelehrten. Leipzig 1792–1806

VISCHER, FRIEDRICH THEODOR: Das Schöne und die Kunst. Zur Einführung in die Ästhetik. Vorträge. Hrsg.: ROBERT VISCHER. Stuttgart 1898

VISCHER, FRIEDRICH THEODOR: Ästhetik oder Wissenschaft des Schönen. 6 Bde., Hrsg.: ROBERT VISCHER. 2. Aufl. München 1923

WIENBARG, LUDOLF: Ästhetische Feldzüge. Hrsg.: WALTER DIETZE. Berlin–Weimar 1964

WINCKELMANN, JOHANN JOACHIM: Kleine Schriften. Vorreden. Entwürfe. Hrsg.: WALTER REHM. Einleitung von HELMUT SICHTERMANN. Berlin 1968

6.1

BACHELARD, GASTON: Poetik des Raumes. München 1960
BENSE, MAX: Aesthetica. Metaphysische Beobachtungen am Schönen. Stuttgart 1954
BENSE, MAX: Ästhetische Information. Ästhetica II. Urfeld. Baden-Baden 1956
BENSE, MAX: Einführung in die informationstheoretische Ästhetik. Grundlegung und Anwendung in der Texttheorie. Reinbek b. Hamburg 1968
BIERI, PETER: Zeit und Zeiterfahrung. Exposition eines Problembereichs. Frankfurt/Main 1972
BURKE, KENNETH: Dichtung als symbolische Handlung. Eine Theorie der Literatur. Frankfurt/Main 1966
CASSIRER, ERNST: Philosophie der symbolischen Formen. Darmstadt 1954
Grundlagen der marxistisch-leninistischen Ästhetik. Berlin-Ost 1962
KÖNIG, JOSEF: Die Natur der ästhetischen Wirkung. In: ZIEGLER, KLAUS: Wesen und Wirklichkeit des Menschen. Festschr. f. H. PLESSNER. Göttingen 1957, S. 283 ff.
LUKÁCS, GEORG: Ästhetik. In: Werke, Luchterhand Bd. 11 u. 12, Teil 1, Halbband 1 u. 2. Neuwied–Berlin 1963
LUKÁCS, GEORG: Beiträge zur Geschichte der Ästhetik. Berlin 1954
SCHMIDT, SIEGFRIED J.: Ästhetizität. Philosophische Beiträge zu einer Theorie des Ästhetischen. München 1971

6.2

BLOCH, ERNST: Das Prinzip Hoffnung. In 5 Teilen. In: Gesamtausgabe Suhrkamp, Bd. 5, 2 Teile. Frankfurt/Main 1959
LUKÁCS, GEORG: Probleme des Realismus. Berlin 1955
LUCÁCS, GEORG: Wider den mißverstandenen Realismus. Hamburg 1958
MANNHEIM, KARL: Ideologie und Utopie. 3. Aufl. Frankfurt 1952
MARX, KARL, FRIEDRICH ENGELS: Über Kunst und Literatur, eine Sammlung aus ihren Schriften. Hrsg.: MICHAEL LIFSCHITZ, 2. Aufl. Berlin 1951
PRACHT, ERWIN, WERNER NEUBERT Hrsg.: Sozialistischer Realismus – Positionen, Probleme, Perspektiven. Eine Einführung. Berlin-Ost 1970
Probleme des Realismus in der Weltliteratur. Hrsg. im Auftrag des Instituts für Slawistik der dt. Akademie d. Wissenschaften zu Berlin, aus dem Russ. übers. Berlin-Ost 1962
SARTRE, JEAN PAUL: Marxismus und Existentialismus. Versuch einer Methodik. 4. Aufl. Hamburg 1968

6.3

AUERBACH, ERICH: Mimesis. Dargestellte Wirklichkeit in der abendländischen Literatur. Bern 1946
BENSE, MAX: Die Realität in der Literatur. Autoren und ihre Werke. Köln 1971

BRANDT, MAGDALENE: Realismus und Realität im modernen Roman. Methodologische Untersuchungen zu V. Woolfs The Waves. Bad Homburg v. d. H., Berlin–Zürich 1968

BRINKMANN, RICHARD: Wirklichkeit und Illusion. Studien über Gehalt und Grenzen des Begriffs Realismus für die erzählende Dichtung des 19. Jahrhunderts. Tübingen 1957

CYSARZ, HERBERT: Jean Paul, der Roman und das Realismusproblem. In: H. C. Welträtsel im Wort. 1948

DEMETZ, PETER: Formen des Realismus. Theodor Fontane. Kritische Untersuchungen. München 1964

HELMERS, HERMANN: Die Verfremdung als epische Grundtendenz im Werk Raabes. Jahrbuch der Raabe-Gesellschaft 1963, S. 7 ff.

KILLY, WALTHER: Wirklichkeit und Kunstcharakter. Neun Romane des 19. Jahrhunderts. München 1963

LUKÁCS, GEORG: Balzac und der franz. Realismus. Berlin-Ost 1952

MARTINI, FRITZ: Wilhelm Raabes »Prinzessin Fisch« Wirklichkeit und Dichtung im erzählenden Realismus des 19. Jahrhunderts. In: Deutschunterricht 11 (1959) 31 ff.

PFEIL, ROSE: Die Facettierung der Wirklichkeit bei Jean Paul. Diss. Tübingen 1952

SCHOLDER, KLAUS: Die Verwirklichung des Imaginativen in den Romanen Jean Pauls. Diss. Tübingen 1956

TALGERI, PRAMOD: Otto Ludwig und Hegels Philosophie. Die Widerspiegelung der »Ästhetik« Hegels im »poetischen Realismus« Otto Ludwigs. Tübingen 1972

WILD, REINER: Noch einmal Empirie und Fiktion. In: Poetica 3 (1970) 435 ff.

WINDFUHR, MANFRED: Empirie und Fiktion in Moritz August von Thümmels Reise in die mittäglichen Provinzen von Frankreich. In: Poetica 3 (1970) 115 ff.

ZIOLKOWSKI, THEODORE: Jamse Joyces Epiphanie und die Überwindung der empirischen Welt in der modernen deutschen Prosa. In: DVjs 35 (1961) 59 ff.

6.4

MEYER, HERMAN: Raumgestaltung und Raumsymbolik in der Epik. In: Studium Generale 10 (1957) 620 ff.

MEYER, HERMAN: Raum und Zeit in Wilhelm Raabes Erzählkunst. In: DVjs 27 (1953) 236 ff.

MÜLLER, ANDREAS: Landschaftsarabesken. Jean Paul. In: A. M. Landschaftserlebnis und Landschaftsbild. Hechingen 1955, S. 135 ff.

STAROSTE, WOLFGANG: Raumgestaltung und Raumsymbolik in Goethes »Wahlverwandtschaften«. In: Etudes Germaniques 16 (1961) 210 ff.

SOFFKE, GÜNTHER: Raum und Zeit bei Jean Paul. Diss. Bonn 1959

STRENGER, R.: Die Landschaft in den Romanen und Erzählungen Raabes. Diss. Freiburg 1934.

7

Bubner, Rüdiger (Hrsg.): Sprache und Analysis. Texte zur englischen Philosophie der Gegenwart. Göttingen 1968

Curtius, Ernst Robert: Europäische Literatur und lateinisches Mittelalter. 2. Aufl. Bern 1954

Hildebrandt-Günther, Renate: Antike Rhetorik und Deutsche literarische Theorie im 17. Jahrhundert. Marburg 1966

Lachmann, Renate: Die Zerstörung der »schönen Rede«. Ein Aspekt der Realismus-Evolution der russischen Prosa des 19. Jahrhunderts. In: Poetica 4 (1971) 462 f.

Lausberg, Heinrich: Handbuch der literarischen Rhetorik. Eine Grundlegung der Literaturwissenschaft, Bd. 1 u. 2 (Registerband). München 1960

Meyer, Herman: Schillers philosophische Rhetorik. In: H. M. Zarte Empirie, S. 335 ff.

Ryle, Gilbert: Systematisch irreführende Ausdrücke. In: Bubner, Rüdiger (Hrsg.): Sprache und Analysis. Göttingen 1968, S. 31 ff.

7.1

Gottsched, Johann Christoph: Kern der deutschen Sprachkunst aus der ausführlichen Sprachkunst. Zum Gebrauch der Jugend, von ihm selbst ins Kurze gezogen. 3. Aufl. Leipzig 1759

Humboldt, Wilhelm von: Über die Verschiedenheit des Menschlichen Sprachbaues und ihren Einfluß auf die geistige Entwicklung des Menschengeschlechts. Faksdr. d. Ausg. v. 1836. Hannover, Hamburg, München 1960

Müller, Adam: Zwölf Reden über die Beredsamkeit und deren Verfall in Deutschland. Mit einem Essay und einem Nachw. v. Walter Jens. Frankfurt/Main 1967

Reinbeck, Georg: Handbuch der Sprachwissenschaft, mit besonderer Hinsicht auf die deutsche Sprache. 2 Bde. Essen–Duisburg 1817

Roth, G. M.: Antihermes oder phisosophische Untersuchung über den reinen Begriff der menschlichen Sprache und der allgemeinen Sprachlehre. Frankfurt–Leipzig 1795

8

Möllhausen, Balduin: Das Finkenhaus. In: Deutsche Romanzeitung 9 (1872) no. 1, S. 1 ff.

Rühmkorf, Peter: Über das Volksvermögen. Exkurse in den literarischen Untergrund. 4. Aufl. Reinbek b. Hamburg 1971

Sealsfield, Charles: Morton oder Die große Tour. In: Lebensbilder aus beiden Hemisphären. Zürich, Orell, Füßli und Compagnie 1835

Wilpert, Gero von: Sachwörterbuch der Literatur. 3. Aufl. Stuttgart 1961

Namen- und Sachverzeichnis

A

Affektive und intellektuelle Beschreibung (Rede, Konstitution der Wirklichkeit) 31, 90, 112 f. 120 ff., 127 f., 130 f.
Allgemeinheit der Theorie s. Generalisierbarkeit
Antithetik der Literaturtheorie 16, 38, 39, 53, 65 ff., 133 ff.
Apel, Karl Otto 14, 17, 45, 100, 103
Ästhetik 41, 56–59, 66, 76, 83, 86 f., 91, 99 f., 106, 114, 126 ff., 138
s. a. Raum-Zeit-Problem
Ästhetische Wirklichkeit 13, 18, 20 f., 56, 59, 63, 65, 67 f., 70, 76 f., 83, 99–113, 132
Autonomietheorie 13, 18, 38 f., 45, 57, 67 f., 75–80, 132, 137
s. a. Fiktionalität

B

Barock (Poetik) 11, 21, 31, 64 f., 76, 83, 106, 118–124
Barthes, Roland 17, 20
Begriff (Begriffsbildung, -system, -kritik) 24–31, 54, 60, 77, 92, 110, 117 f., 123 f., 134 ff.
Belletristik 13, 17, 26, 49 f., 56, 65, 71, 85 f., 100, 105, 113, 118–122, 127, 129
Beschreibung, Beschreibungstheorie, bes. 11, 20, 27, 60–68, 75, 78–88, 118–132
Biedermeier 11, 16, 84
Bierwisch, Manfred 44, 100
Blankenburg, Friedrich von 89 f., 93
Bodmer, Johann Jacob 65, 76, 78, 83, 123 f., 126
Bouterwek, Friedrich 42
Breitinger, Johann Jacob 65, 76, 78, 83, 85, 123, 124–132

D

Descriptive poetry s. Beschreibung
Diemer, Alwin 58
Diersen, Inge 111
Dogmatisch-voluntaristische Literaturtheorie, bes. 18, 20 f., 35, 42, 48 f., 60, 62, 73–77, 95–98, 112, 139 ff.
Dramatische Erzählauffassung s. humanistisch-idealisierende Literaturtheorie und mimetisch-fiktionale Erzählauffassung

E

Einheitsbegriffe von Literatur 26, 42 f., 49, 100, 116 ff.
s. a. Gegenstandskonstitution
Epische Zeit, bes. 71, 75, 83, 85, 87 f., 136 ff.
Erkenntnisbegriff 19, 25, 33, 35 ff., 40 ff., 44 ff., 63–64, 136
Erlebende Rezeption s. Erkenntnisbegriff
Experimentelle Literaturtheorie 16, 47 f., 74, 88 f., 113 f.
s. a. theoretische Literaturwissenschaft

F

Fachsystematik 12 ff., 26, 30, 35 ff., 52 ff., 141
Fiktionalität, relative und absolute Fiktivität 13, 18, 20 f., 28, 49, 59, 77, 90, 99–113, 119, 121 f., 123, 125 f., 128 f.
Flach, Brigitte und *Werner* 51
Formalistische Literaturtheorie 13, 17, 18, 21, 52, 100 ff., 138
s. a. Autonomietheorie
Friedemann, Käte 96 ff., 132, 139
Funktionenanalyse s. substantielle und funktionale Literaturtheorie

G

Gansberg, Marie Luise 50
Gattungsbegriff 15 f., 27, 38, 65, 88–95, 97 f., 117, 135
Gegenstandskonstitution 13, 36, 42 f., 49, 114–118
s. a. substantielle und funktionale Literaturtheorie
Geisteswissenschaft s. Erkenntnisbegriff und Hermeneutik
Generalisierbarkeit der Theorie 15 ff., 32 ff., 42, 45, 53, 55 f., 61, 96, 118, 123, 141
Gottschall, Rudolf von 18, 41
Günther, Hans 13
Gutzkow, Karl 94

H

Hahl, Werner 68
Hamburger, Käte 20, 21, 99–113, 121, 128 f., 133, 140 f.
Handlungsbegriff 60, 62, 69, 79, 81–88, 89, 135, 137
s. a. mimetisch-fiktionale Erzählauffassung
Harsdörffer, Georg Philipp 121
Hebbel, Friedrich 94
Heine, Heinrich 41, 122
Heinz, Rudolf 58
Heißenbüttel, Helmut 20
Hellmann, Winfried 93
Herder, Johann Gottfried von 66 ff.
Hermeneutik 11 f., 14, 17, 19, 33, 34, 41, 46, 73
Historische Erzählauffassung 53, 90, 96, 139 f.
Humanistisch-idealisierende Literaturtheorie 69 ff., 85, 88–95, 135, 138 f.
Humboldt, Wilhelm von 66, 96

I

Idealität und Realität (der Literatur, Sprache) s. ästhetische Wirklichkeit
Idealtypische Literaturbestimmung s. normierende Typologie
Ideologie 14, 18, 41, 47, 50 ff., 57, 63, 76 f., 88, 94, 140 f.
s. a. dogmatisch-voluntaristische Literaturtheorie
Illusionistische Literaturtheorie, bes. 105 ff., 112, 128
Immanent-zirkulare Interpretation 18, 21, 59, 67, 74 f.
Ingarden, Roman 17, 69, 112, 129
Innovationstheorie 21, 83, 129 f.
s. a. experimentelle Literaturtheorie
Integrationsbegriff 20, 28, 57 f., 60, 62 ff., 68–75, 78–90, 125 f., 135, 139 f.
s. a. Organismus- und Systemidee

J

Juhos, Bela 19

K

Kallistik (Schönheitslehre) s. Ästhetik und Belletristik
Kant, Immanuel 53, 57, 59, 77, 92
Kayser, Wolfgang 16, 17, 19, 117
Klassik-Rezeption 32
Kolbe, Jürgen 13
Komplementarität von Beschreibung und Erzählung s. Begriff
Kontextbegriff 101 ff., 110
Koskimies, Rafael 56, 95 f., 139
Krauss, Werner 92
Kreuzer, Helmut 134

L

Lachmann, Renate 39 f.
Lämmert, Eberhard 13, 65, 67, 74–77, 87, 93, 132
Leibfried, Erwin 24 f., 28 f., 33, 35 ff., 97, 113–116, 141
Lessing, Gotthold Ephraim 63, 65 f., 76, 77–88, 93 f., 135, 139
Liberale Literaturauffassung 53, 72, 95–98, 139, 141 f.
Linguistik 12 f., 15, 17, 22, 44
Literarisch-elitäre Rhetorik 11, 31, 82, 118–122 s. a. Belletristik

Namen- und Sachverzeichnis

Literaturkritik s. Literaturtheorie, wertende
Lockemann, Wolfgang 53, 90, 141
Logische Tempusanalyse s. sprachlogische Literaturtheorie

M

Marxistisch-materialistische Literaturtheorie und Methodenkritik 12, 18, 45, 50 ff., 56, 59, 76 f., 94, 125
Mecklenburg, Norbert 73
Meinungspluralismus s. Pluralismus
Meyer, Herman 19 f., 56, 65, 67–74, 87, 90, 130, 132, 136 ff.
Mimesis 21, 76, 125 ff.
Mimetisch-fiktionales Erzählen 53, 89, 96 ff., 139 f.
Möglichkeitsproblem, »möglicheWelt« 65, 83, 123–132
s. a. ästhetische Wirklichkeit und Utopie
Möllhausen, Balduin 94
Müller, Adam 41, 122
Müller, Günther 40, 75, 83, 136 f., 138
Mukařovský, Jan 30

N

Narrative Modi 21, 49 f., 61, 78–88, 122, 124, 126 f., 135
Naturwissenschaftliche Methode 19, 22, 38 ff., 44, 46, 77, 125
s. a. Erkenntnisbegriff
Neuhaus, Volker 46

O

Objektivität und Objektivierbarkeit s. Erkenntnisbegriff
Ordo-naturalis und artificialis s. Integrationsbegriff
Organismus- und Systemidee 57 f., 64 f., 67 ff., 70 f., 74, 88, 91 ff., 98, 115 f., 124, 134, 137 f.

P

Parteilichkeit 36, 55, 141 f.
s. a. Ideologie
Pejorativer Theoriebegriff, bes. 16 ff., 52
Petsch, Robert 56, 60–68, 75, 87, 132
Phänomenologisch-erkenntnistheoretische Methode 25, 33, 62, 82, 86, 88, 109, 111, 122–132
Philologie 14, 32
Picht, Georg 27
Pluraler Wissenschaftsbegriff 19, 26, 40 ff.
Pluralismus (Stoff-, Theorien-, Methoden-) 13 f., 35–39, 72–74, 139 f.
Puristische Literaturtheorie, bes. 65 f., 77–87, 133, 139

Q

Quelleninterpretation, neutrale und kritische 30–33
s. a. *Breitinger*

R

Raum-Zeit-Problem 40, 59, 62, 64 f., 69, 71, 124 ff., 137 f.
Res-verba-Problem 21, 76, 79
Rhetorik (rhetorische descriptio) 11, 16, 21, 31, 33, 41, 78 f., 82, 84 f., 112 f., 118 f., 122, 126
Regressive Literaturkritik 16, 19, 39 f., 73, 88, 95
Riha, Karl 13
Romantik 93 f.
Ros, Arno 21, 73
Roth, G. M. 66
Rotth, Albrecht Christian 122 ff.

S

Sachlichkeitsbegriff 23, 34, 40
Sartre, Jean Paul 108
Schiller, Friedrich von 76, 85, 91
Schopenhauer, Arthur 41

Sengle, Friedrich 92, 141
Snow, C. P. 22 f.
Soziologie als literaturwissenschaftliche Methode 14 f., 17, 47, 50 f., 76, 118
Spielhagen, Friedrich 93, 96 f.
Stanzel, Franz K. 16 f., 117, 132
Stifter, Adalbert 94
Stiltrias s. Typologie, normierende
Strukturalismus 21, 30, 68, 133–139
Strukturbegriff 15, 18, 27, 44 f., 59, 68, 71, 75, 77, 80, 100, 103, 133–139
Substantielle und funktionale Literaturtheorie 12 ff., 15 f., 18 f., 43, 45, 60, 67, 75 ff., 88, 91, 96 f., 115 f., 118, 129
Sukzessionstheorie (Tönetheorie) 28, 61, 79–88

T

Täuschung (ästhetische, pädagogische, rhetorische) 85, 127–132
Textbegriff, bes. 97 f., 114 ff.
Textsorten s. Transformationstheorie
Theoretische Literaturwissenschaft 14 ff., 42–53
Todorov, Tzvetan 94 f.
Topologie s. Begriff
Traditionalismus 29–34, 40, 65, 86, 122, 139
  s. a. *Lessing*
Transformationstheorie 13, 17, 49 f., 71, 101, 108, 114, 116, 135, 141
  s. a. Organismus- und Systemidee

Trivialliteratur 94 f.
Typologie, normierende 13, 15 ff., 22, 27, 44, 53, 61 f., 63 f., 68, 70 f., 80, 86, 89 ff., 95 f., 114, 141

U

Universalästhetische Literaturtheorie 66, 77 f.
Utopie 59, 102 f.

V

Völker, Paul Gerhard 50, 89, 92

W

Wackernagel, Wilhelm 93
Weizsäcker, Carl Friedrich von 38 f., 44 f.
Wertende Literaturtheorie 13, 17, 29, 43, 56 f., 62 ff., 71, 73 f., 79 f., 86, 93, 99 f., 109
Widerspiegelungstheorie 45, 59, 77, 125
Wienbarg, Ludolf 41
Winckelmann, Johann Joachim 66, 78
Wirklichkeitsaussage 21, 100–110
  s. a. Autonomietheorie

Z

Zeitkunst, Raumkunst 58 ff., 61 ff., 67 f., 78–88, 125, 135
Zmegač, Victor 23

Gruppe WISSENSCHAFT

Bitte senden Sie uns die untenstehende Karte. Sie erhalten dann sofort den Sonderprospekt »Das Wissenschaftliche Taschenbuch« und auch zukünftig die neuen Ankündigungen.

Der Verlag pflegt gewissenhaft die Verbindung zu seinen Lesern.

WILHELM GOLDMANN VERLAG 8 MÜNCHEN 80

Bitte hier abschneiden

Ich wünsche die kostenlose und unverbindliche Zusendung des Sonderprospekts »Das Wissenschaftliche Taschenbuch«. Besonderes Interesse besteht für die nachstehend angekreuzten Gebiete:

- ☐ Medizin
- ☐ Naturwissenschaften
- ☐ Technik und Technologie
- ☐ Rechts- und Staatswissenschaften
- ☐ Wirtschaftswissenschaften
- ☐ Soziologie
- ☐ Geisteswissenschaften
- ☐ Psychologie und Pädagogik
- ☐ Varia
- ☐ Universitätsreihen

DWT

Name:

Beruf: Ort:

Straße:

Ich empfehle, den Katalog auch an die nachstehende Adresse zu senden:

Name:

Beruf: Ort:

Straße:

Goldmann Taschenbücher sind mit über 3500 Titeln (Stand Frühjahr 1973) die größte deutsche Taschenbuchreihe. Jeden Monat erscheinen etwa 25 neue Titel. Die Gesamtauflage beträgt über 135 Millionen.

Spezielle Reihen liegen vor für die Gebiete MEDIZIN, JURA, WIRTSCHAFT, PSYCHOLOGIE + PÄDAGOGIK, GESCHICHTE, POLITIK + ZEITGESCHEHEN, RELIGION, KLASSIKER + WELTLITERATUR, GARTENBÜCHER, KOCHBÜCHER und andere Literaturgebiete.

Bitte hier abschneiden

Aus dem WILHELM GOLDMANN VERLAG
8 München 80, Postfach 80 07 09
bestelle ich durch die Buchhandlung

Anzahl	Titel bzw. Band-Nr.	Preis

Datum:

Unterschrift:

DWT 4364 · 7034 · 50

Wilhelm Goldmann Verlag
8000 MÜNCHEN 80
Postfach 80 07 09

Bitte mit
Postkarten-
Porto
frankieren!